Busche / Kröger

Übungsbuch Bewachungsgewerbe

André Busche / Raymond Kröger

Übungsbuch Bewachungsgewerbe für Sachkundeprüfung und Unterrichtungsverfahren

Mehr als 350 Fragen und Antworten zur effektiven Selbstkontrolle

Bibliographische Information der Deutschen Nationalbibliothek

Die Deutsche Nationalbibliothek verzeichnet diese Publikation in der Deutschen Nationalbibliographie; detaillierte bibliographische Daten sind im Internet über http://dnb.d-nb.de abrufbar.

Verlag: Juristischer Fachverlag André Busche, Kiel

3. Auflage (D3) ISBN-13: 978-3-940723-14-7

Inhaltsverzeichnis

Die Autoren

André Busche unterrichtet Waffenrecht an der Christian-Albrechts-Universität zu Kiel, Waffenrecht und Gewerberecht am KOMMA "Kompetenzzentrum für Verwaltungs-Management" sowie Waffenrecht und Kommunikation an der Fachhochschule für Verwaltung und Dienstleistung des Landes Schleswig-Holstein, Fachbereich Polizei. Er ist in den Prüfungsausschüssen "Nachweis der Fachkunde im Waffenhandel" und "Sachkundeprüfung im Bewachungsgewerbe" der IHK zu Kiel tätig.

Raymond Kröger ist stellvertretender Vorsitzender des Prüfungsausschusses für die "Sachkundeprüfung im Bewachungsgewerbe" der IHK zu Kiel und seit vielen Jahren erfolgreich als Dozent bei zahlreichen Bildungsträgern tätig, die sich mit der Ausbildung von Fachkräften für das Wach- und Sicherungsgewerbe befassen. Umfassende Praxis in verschiedenen Bereichen dieses Berufszweiges liefert ihm die für einen realitätsbezogenen Unterricht notwendigen Kenntnisse.

1. Einleitung

Im Bewachungsgewerbe ist eine sichere Kenntnis der Gesetze unverzichtbar. Gesetze regeln das Zusammenleben aller Teile der Bevölkerung und auch die Eingriffsmöglichkeiten des Staates. Hier nun ist der erste Hinweis anzubringen: Als Mitarbeiter im Bewachungsgewerbe stehen Ihnen keine hoheitlichen Rechte zu – nur Vollzugsbehörden haben das Recht, Bürger unter Hinweis auf hoheitliche Rechte in der freien Entfaltung ihrer Persönlichkeit einzuschränken. Selbst der sogenannte „Jedermann-Paragraph", der jeden Bürger berechtigt, einen auf frischer Tat angetroffenen Straftäter festzuhalten, verleiht dem „Jedermann" keine hoheitlichen Rechte – eine Durchsuchung ist beispielsweise verboten. Machen Sie sich Ihre Rolle stets klar – schnell können Sie sonst in die Versuchung geraten, die Grenzen des rechtlich Vertretbaren in Richtung einer Amtsanmaßung zu überschreiten.

Die für Ihre Tätigkeit bedeutendsten Rechtsnormen finden Sie in zwei Gesetzen, dem Bürgerlichen Gesetzbuch (BGB) und dem Strafgesetzbuch (StGB). Die Unterscheidung beider Rechtsgebiete ist einer der wichtigsten Punkte bei der Überprüfung Ihrer Kenntnisse im Bereich Recht – Sie müssen stets sicher entscheiden können, auf welcher Grundlage Sie tätig werden, ob auf Grundlage der Notwehrrechte des Strafgesetzbuches oder der Selbsthilferechte des Bürgerlichen Gesetzbuches – im ersten Fall setzt Ihr Handeln das Vorliegen eines rechtswidrigen Angriffs voraus, im zweiten muss Ihr Gegenüber widerrechtlich Ihren Besitz oder andere Rechte gefährden. Schon diese erste Gegenüberstellung von Widerrechtlichkeit und Rechtswidrigkeit des Handelns stellt viele Prüflinge vor ein Problem und den Lernerfolg in Frage. Der Schwerpunkt im rechtlichen Teil wird darum in der Unterscheidung der wesentlichen Elemente von Strafrecht und Bürgerlichem Recht liegen – auch hinsichtlich des Umfangs der Erklärungen. Schließlich sind es gerade diese Prüfungsfächer, die in den meisten Fällen über den Prüfungserfolg entscheiden werden.

2. Hinweise zur Prüfungsvorbereitung

Die bundesweit einheitliche Sachkundeprüfung nach § 34 a GewO, auf die Sie sich in diesem Moment vorbereiten, legt Ihren Schwerpunkt auf:

- Strafrecht und Strafprozessrecht
- Bürgerliches Recht
- Umgang mit Menschen

Daraus können Sie zwei Schlussfolgerungen ableiten:

1. Der Umgang mit Menschen und die Selbsthilfe- bzw. Notwehrrechte nebst den Tatbeständen müssen im Mittelpunkt Ihres Lernens für die schriftliche Prüfung stehen.

2. Wenn Sie die Fragen aus diesen Bereichen beantworten können, ist ein Scheitern in der schriftlichen Prüfung unwahrscheinlich.

An dieser Stelle möchte ich Ihnen davon abraten, allein anhand von multiple-choice-Tests, „Ankreuzbögen", eine Prüfungsvorbereitung in einer Art des Auswendiglernens zu betreiben. Die Fragebögen werden regelmäßig geändert und nicht wenige Fragen erfordern auch ein genaues Durchdenken der Fragestellung – im Klartext: Wenn Sie sich an bestimmte Fragestellungen durch Einüben gewöhnen, Sie aber den Lernstoff nicht beherrschen (im Sinne von Begreifen und Durchdringen), werden Sie in der Prüfung scheitern.

Als Teilnehmer eines Vorbereitungskurses sollten Sie dem Unterricht aufmerksam folgen und Hinweise des Ausbilders zum Ablauf der Prüfung und möglichen Schwerpunkten im Verlauf der Prüfung auf jeden Fall beachten – dies bezieht sich insbesondere auf die praxisrelevanten Tatbestände des Strafrechts und die Regelungen des BGB. Erfahrene Dozenten werden Ihnen den Stoff aufbereiten und, wie in diesem Lehrbuch, die Hintergründe und Zusammenhänge der verschiedenen Regelungen darstellen. Zögern Sie auf keinen Fall, Fragen zu stellen – denn es gibt keine dummen Fragen, nur Dumme, die nicht fragen. Und wer nicht fragt, bleibt dumm.

Diese Fragen sollten aber tatsächlich Bezug zum Unterricht haben – eine Selbst-Darstellung nach dem Muster „Also ich habe das ja immer..." ist im Unterricht fehl am Platz.

Am Tag der Prüfung sollten Sie, wie auch im Verlauf des Kurses, zeitig aufstehen und gut ausgeschlafen am Prüfungsort erscheinen. Welche Unterlagen Sie zu dieser Prüfung mitzunehmen haben (Personalausweis, Dokumente des Lehrgangsträgers o. ä.), wird Ihnen Ihr Lehrgangsleiter oder die IHK mitteilen können – fragen Sie nach! Und: Sorgen Sie für mindestens zwei funktionierende Kugelschreiber, frühstücken Sie in Ruhe und nicht zu umfangreich.

Wenn Sie die schriftliche Prüfung bestanden haben, werden Sie von dem Prüfungsausschuss in einer mündlichen Prüfung zu verschiedenen Themen befragt, wobei der Schwerpunkt in den Bereichen Recht der öffentlichen Sicherheit und Ordnung (mit Gewerbeordnung, Bewachungsverordnung und Datenschutz) und Umgang mit Menschen liegen wird. Bereiten Sie sich auf diese Prüfung rechtzeitig vor, indem Sie etwa mit anderen Kursteilnehmern eine Interviewsituation zu den Themengebieten dieses Buches proben.

Die Mitglieder der Prüfungskommission haben weder die Aufgabe noch die Absicht, Ihnen Fallen zu stellen – sie werden prüfen, ob Sie den vom Gesetz geforderten Wissensstand nachweisen können, der für die von Ihnen angestrebte Tätigkeit im Bewachungsgewerbe notwendig ist.

Letzter Tipp: Nur Mut – gut vorbereitet werden Sie es schaffen!

3. Zur Handhabung dieses Buches

Wenn Sie das Lehrbuch „Basiswissen Bewachungsgewerbe“ sorgfältig durchgearbeitet haben, sollte Ihnen die Beantwortung der nachfolgenden Fragen keine Probleme bereiten.

Um die Prüfung der eigenen Kenntnisse möglichst objektiv zu ermöglichen, sind die Antworten auf die einzelnen Fragen räumlich weit getrennt davon aufgeführt. Alle Antworten sind im Abschnitt 8 ab Seite 101 dieses Buches nummeriert aufgeführt. Bitte beantworten Sie darum die einzelnen Fragen daher nicht in der abgedruckten Reihenfolge, sondern blättern Sie im Buch nach einer Frage, die Sie noch nicht richtig beantwortet haben. Auf diese Weise vermeiden Sie, die Antwort auf die folgende Frage bereits beim Umblättern auf die Lösungsseite zufällig zu sehen – dadurch verschenken Sie in der Regel die Möglichkeit, die nächste Frage ohne Hilfe zu beantworten. Gehen Sie also spaltenweise vor, können Sie die Antwort auf die folgende Frage nicht sehen.

Um richtig beantwortete Fragen zu kennzeichnen, ist jede Frage mit einem Kontrollkästchen versehen, mit dem Sie die Frage „abhaken“ können. Zudem können Sie zur besseren Übersicht auf der folgenden Seite die bereits korrekt beantworteten Fragen in einer vollständigen Auflistung mit Kreuzchen kennzeichnen und damit jederzeit auf einen Blick sehen, wo Sie hinsichtlich Ihres Lernerfolges stehen.

Die hier behandelten Fragen werden so oder in ähnlicher Form auch in Vorbereitungskursen verwendet und stofflich behandelt. Es ist darum auf jeder Fragenseite ausreichend Platz, zu einzelnen Fragen Hinweise Ihrer Dozenten zu notieren, etwa zu Merkhilfen oder zur Prüfung vor der IHK. Aber auch Sie selbst können und sollen sich hier Notizen anlegen, beispielsweise Verweise auf andere Teile der Prüfung oder eigene Merksätze.

Wir wünschen Ihnen nun viel Lernfreude und am Ende viel Erfolg bei Ihrer Sachkundeprüfung!

4. Ihre Erfolgsübersicht

001	002	003	004	005	006	007	008	009	010
011	012	013	014	015	016	017	018	019	020
021	022	023	024	025	026	027	028	029	030
031	032	033	034	035	036	037	038	039	040
041	042	043	044	045	046	047	048	049	050
051	052	053	054	055	056	057	058	059	060
061	062	063	064	065	066	067	068	069	070
071	072	073	074	075	076	077	078	079	080
081	082	083	084	085	086	087	088	089	090
091	092	093	094	095	096	097	098	099	100
101	102	103	104	105	106	107	108	109	110
111	112	113	114	115	116	117	118	119	120
121	122	123	124	125	126	127	128	129	130
131	132	133	134	135	136	137	138	139	140
141	142	143	144	145	146	147	148	149	150
151	152	153	154	155	156	157	158	159	160
161	162	163	164	165	166	167	168	169	170
171	172	173	174	175	176	177	178	179	180
181	182	183	184	185	186	187	188	189	190
191	192	193	194	195	196	197	198	199	200
201	202	203	204	205	206	207	208	209	210
211	212	213	214	215	216	217	218	219	220
221	222	223	224	225	226	227	228	229	230
231	232	233	234	235	236	237	238	239	240
241	242	243	244	245	246	247	248	249	250
251	252	253	254	255	256	257	258	259	260
261	262	263	264	265	266	267	268	269	270
271	272	273	274	275	276	277	278	279	280
281	282	283	284	285	286	287	288	289	290
291	292	293	294	295	296	297	298	299	300
301	302	303	304	305	306	307	308	309	310
311	312	313	314	315	316	317	318	319	320
321	322	323	324	325	326	327	328	329	330
331	332	333	334	335	336	337	338	339	340
341	342	343	344	345	346	347	348	349	350
351	352								

5. Die Fragen

Die in diesem Abschnitt erfassten mehr als 350 Fragen ähneln in ihrer Formulierung den in der mündlichen Prüfung formulierten Fragen der Prüfer an Sie. Sie sind jeweils in freier Rede zu beantworten – dabei ist es wichtig, Fachbegriffe zu verwenden und nicht durch Umschreibungen zu ersetzen – die Sachkundeprüfung setzt als ein Fachgespräch ein gewisses Niveau voraus.

Bitte beachten Sie, dass die Fragen in der Prüfung möglicherweise abgewandelt gestellt werden. Hören Sie darum dem Prüfer aufmerksam zu und denken Sie nach, bevor Sie antworten.

Die Antworten zu den jeweiligen Fragen finden Sie im Abschnitt 8 ab Seite 101 dieses Buches – unter der Nummer der Frage finden Sie die zusammenfassend formulierte Frage. In manchen Fällen kann man die Antwort sinngleich auch anders ausformulieren – allerdings geht es hier nicht um eine wortgetreue Wiedergabe. Hier liegt aber auch für Sie das Problem – prüfen Sie Ihre eigene Antwort kritisch. Erst bei wirklich vollständiger Antwort sollten Sie mit sich zufrieden sein und die Frage abstreichen.

Die in der schriftlichen Prüfung üblichen Ankreuztests sind in jedem Monat neu zusammengestellt und formuliert. Es ist daher nicht sinnvoll, die Übungsfragen als multiple-choice-Test aufzubauen. Es ist vielmehr anzuraten, durch eine Erfassung und Durchdringung des Prüfungsstoffs inhaltlich auf die Prüfung vorbereitet zu sein.

Das führt auch zu dem zentralen Prüferhinweis, der auch zu Beginn vieler Prüfungen den Teilnehmern gegeben wird und nicht oft genug wiederholt werden kann: Die drei Voraussetzungen für eine gute Prüfung sind Zuhören, Zuhören und Zuhören. Wenn es Ihnen gelingt, Ihre Nervosität zu beherrschen und die gestellten Fragen in vollem Umfang zu erfassen, sollten Sie die Prüfung bestehen – viele Kandidaten scheitern nicht an mangelndem Wissen, sondern an sich selbst und ihrer Unfähigkeit oder auch einer mangelnden Motivation, konzentriert den Fragen der Prüfer zu folgen.

5.1. Recht der Öffentlichen Sicherheit und Ordnung

☐ Frage 1

Definieren Sie den Begriff „Staat".

☐ Frage 2

Definieren Sie den Begriff „Rechtsgut".

☐ Frage 3

Definieren Sie den Begriff „Recht".

☐ Frage 4

Nennen Sie die Normen des deutschen Rechts und „brechen Sie sie von oben nach unten" (bedeutet: Reihenfolge bezüglich ihrer Rangstelle bilden).

☐ Frage 5

Was versteht man unter dem Begriff „Föderalismus"?

☐ Frage 6

Nennen Sie die Verfassungsprinzipien.

☐ Frage 7

Was bedeutet der Begriff „Gewaltmonopol"?

☐ Frage 8

Wer übt in der Bundesrepublik das Gewaltmonopol aus?

☐ Frage 9

Welcher Artikel des Grundgesetzes enthält die Verfassungsprinzipien?

☐ Frage 10

Darf der Bürger zur Wahrung seiner Rechtsansprüche Gewalt anwenden?

☐ Frage 11

Unter welcher Voraussetzung darf der Bürger von den Selbsthilferechten Gebrauch machen?

☐ Frage 12

Was ist stets bei der Anwendung von Gewalt zu beachten?

☐ Frage 13

Verfügen Mitarbeiter im Bewachungsgewerbe über hoheitliche Rechte?

☐ Frage 14

Was bedeutet „die Verhältnismäßigkeit der Mittel wahren"?

☐ Frage 15

Nennen Sie Sinn und Zweck der Gewaltenteilung.

☐ Frage 16

Nennen Sie die drei Gewalten und die Bedeutung der Begriffe mittels der deutschen Kurzbezeichnung.

☐ Frage 17

Das Landgericht ist Teil der Judikative. Zu welcher der drei Gewalten zählt das Amtsgericht, bei dem auch Strafanzeige erstattet werden kann?

☐ Frage 18

Ordnen Sie die folgenden Institutionen den Gewalten der Gewaltenteilung zu:

- Bundesrat
- Polizei
- Staatsanwaltschaft
- Gerichte
- Bundestag
- Richter

☐ Frage 19

Welche Aufgabe hat das Grundgesetz?

☐ Frage 20

Die Verfassungsprinzipien dürfen nicht verändert werden, auch nicht durch den Bundestag. Warum nicht?

☐ Frage 21

Warum gehört der Staatsanwalt zur Exekutive?

☐ Frage 22

Was ist unter der „Drittwirkung des Grundgesetzes" zu verstehen?

☐ Frage 23

Wie lautet Artikel 1 des Grundgesetzes (Art. 1 GG)?

☐ Frage 24

Was bedeutet „unantastbar" in Artikel 1 GG?

☐ Frage 25

Was besagt die „Ewigkeitsklausel"?

☐ Frage 26

Was ist das „Koordinationsprinzip"?

☐ Frage 27

Wie kann der Mitarbeiter eines Bewachungsunternehmens gegen Artikel 1 GG verstoßen?

☐ Frage 28

Was besagt Artikel 2 GG?

☐ Frage 29

Was besagt Artikel 3 GG?

☐ Frage 30

Welcher Artikel bestimmt, dass vor dem Gesetz alle Menschen gleich sind?

☐ Frage 31

Was bedeutet Artikel 3 GG für den Mitarbeiter eines Bewachungsunternehmens?

☐ Frage 32

Was besagt Artikel 5 GG?

☐ Frage 33

Was garantiert Artikel 8 GG?

☐ Frage 34

Welcher Artikel garantiert die Meinungsfreiheit?

☐ Frage 35

Was wird durch Artikel 10 GG geschützt?

☐ Frage 36

Was garantiert Artikel 12 GG?

☐ Frage 37

Wodurch kann die in Art. 12 GG garantierte freie Berufswahl eingeschränkt werden?

☐ Frage 38

Verletzt der Zwang, eine Sachkundeprüfung abzulegen, bevor Sie im Bewachungsgewerbe tätig werden, Ihre Grundrechte?

☐ Frage 39

Was garantiert Artikel 13 GG?

☐ Frage 40

Welches Recht wird durch Artikel 14 GG geschützt?

☐ Frage 41

Welche Pflicht ergibt sich aus dem „Recht auf Eigentum"?

☐ Frage 42

Was bedeutet der Begriff „Demokratie" übersetzt?

☐ Frage 43

Welche Rechtsarten unterscheidet unser Rechtssystem?

☐ Frage 44

Was regelt das Öffentliche Recht und was regelt das Private Recht?

☐ Frage 45

Bei welcher Rechtsart gibt es ein Über-/Unterordnungsprinzip? (Subordinationsprinzip)

☐ Frage 46

Was versteht man unter „fiskalischem Handeln"?

☐ Frage 47

Bei welcher Rechtsart gibt es ein Gleichstellungsprinzip? (Koordinationsprinzip)

☐ Frage 48

Wie kann der Staat auch als Betroffener im Privatrecht auftreten?

☐ Frage 49

Auf welche Rechte kann sich der Mitarbeiter eines Bewachungsunternehmens in Ausübung seiner Tätigkeit berufen?

☐ Frage 50

Kann der Unternehmer seinen Beschäftigten befristet hoheitliche Rechte übertragen?

☐ Frage 51

Was versteht man unter Public-Private-Partnership (PPP)?

5.2. Gewerbeordnung

☐ Frage 52

Was regelt die Gewerbeordnung?

☐ Frage 53

Was umfasst der Begriff „Bewachungsgewerbe"?

☐ Frage 54

Was umfasst der Begriff „gewerblich"?

☐ Frage 55

Welche Vorschrift der Gewerbeordnung behandelt das Bewachungsgewerbe?

☐ Frage 56

Welcher Paragraph der Gewerbeordnung regelt die Zugangsvoraussetzung zum Markt und die Pflichten des Bewachungsunternehmers?

☐ Frage 57

Welche betrieblichen Informationen unterliegen nach der Gewerbeordnung der Anzeigepflicht?

☐ Frage 58

Was ist durch den Unternehmer vor der Ausübung des Gewerbes vom Ordnungsamt einzuholen?

☐ Frage 59

Was bezeichnet der Begriff „ungeordnete Vermögensverhältnisse"?

☐ Frage 60

Darf die Beschäftigung eines Mitarbeiters mit Bewachungsaufgaben in Ausnahmefällen auch ohne vorherige behördliche Zustimmung erfolgen, zum Beispiel, weil sonst eine Veranstaltung nicht stattfinden kann und somit „Gefahr im Verzuge" ist?

☐ Frage 61

Welche Unterlagen hat der Unternehmer dem Ordnungsamt zum Erhalt der Erlaubnis vorzulegen?

☐ Frage 62

Welche Mindestvoraussetzung muss der Mitarbeiter eines Bewachungsunternehmens erfüllen, bevor er seine Arbeit aufnehmen darf?

☐ Frage 63

Für welche fünf Tätigkeitsfelder ist der Nachweis einer erfolgreich bestandenen Sachkundeprüfung nach § 34a GewO erforderlich?

☐ Frage 64

Gilt die Pflicht zum Sachkundenachweis nach § 34a GewO auch für Mitarbeiter im Geld- und Werttransport?

☐ Frage 65

Muss der Türsteher einer gastgewerblichen Diskothek, der direkt für den Diskothekenbetreiber arbeitet (Mitarbeiter), ebenfalls den Nachweis einer erfolgreich bestandenen Sachkundeprüfung nach § 34a GewO erbringen?

☐ Frage 66

Nennen Sie beispielhaft drei Tätigkeitsfelder für die der Nachweis der Teilnahme am Unterrichtungsverfahren ausreicht.

☐ Frage 67

Welche im § 34a GewO erwähnte Rechtsverordnung regelt die Pflichten des Bewachungsunternehmers?

5.3. Bewachungsverordnung

☐ Frage 68

Nennen Sie drei wesentliche Punkte, die in der Bewachungsverordnung geregelt werden.

☐ Frage 69

Was unterscheidet Unterrichtungsverfahren und Sachkundeprüfung?

☐ Frage 70

Welche Nachweise können erbracht werden, die ein befugtes Arbeiten ohne Unterrichtungsverfahren oder Sachkundeprüfung nach § 34a Gewerbeordnung ermöglichen?

☐ Frage 71

Der Bewachungsunternehmer ist verpflichtet, eine Haftpflichtversicherung abzuschließen. Nennen Sie die Mindesthöhen für die unterschiedlichen Gefahren.

☐ Frage 72

Was regelt den Datenschutz und die Wahrung von Geschäftsgeheimnissen?

☐ Frage 73

Reicht es aus, dass der Gewerbetreibende seinen Mitarbeiter mündlich über die Verschwiegenheitspflicht hinsichtlich ihm bekannt gewordener Geschäfts- und Betriebsgeheimnisse aufklärt und zu Verschwiegenheit verpflichtet?

☐ Frage 74

Darf ein Gewerbetreibender einen Mitarbeiter auch ohne Zustimmung der Behörde beschäftigen?

☐ Frage 75

Darf eine Wachperson in Privatkleidung in der Alarmverfolgung eingesetzt werden?

☐ Frage 76

Darf ein Mitarbeiter in einem Tätigkeitsfeld befugt beschäftigt werden, für das das Unterrichtungsverfahren vorgeschrieben ist, der aber weder das Unterrichtungsverfahren noch die Sachkundeprüfung nachweisen kann?

☐ Frage 77

Darf ein Mitarbeiter in einem Tätigkeitsfeld befugt beschäftigt werden, für das die Sachkundeprüfung nach § 34a der Gewerbeordnung vorgeschrieben ist, ohne die Sachkundeprüfung abgelegt zu haben oder ein anderes gleichgestelltes Zeugnis zu besitzen?

☐ Frage 78

Welche Arten von Dienstanweisungen gibt es?

☐ Frage 79

Welche Hinweise muss die allgemeine Dienstanweisung zwingend enthalten?

☐ Frage 80

Welche Unterlagen hat der Gewerbetreibende dem Mitarbeiter vor seinem ersten Dienstantritt auszuhändigen?

☐ Frage 81

Den Empfang welcher der dem Mitarbeiter auszuhändigenden Unterlage muss der Gewerbetreibende sich vom Mitarbeiter schriftlich gesondert bestätigen lassen?

☐ Frage 82

Welche Angaben muss der Dienstausweis enthalten?

☐ Frage 83

Was ist bei der Gestaltung des Dienstausweises zu beachten?

☐ Frage 84

Ist die Wachperson verpflichtet den Dienstausweis im Dienst mitzuführen?

☐ Frage 85

Ist die Wachperson verpflichtet, den Dienstausweis sichtbar zu tragen?

☐ Frage 86

Wer muss einen Ausweis oder ein Namensschild sichtbar tragen?

☐ Frage 87

Warum ist es erforderlich, dass eine Wachperson beim Betreten eines eingefriedeten Besitztums Dienstkleidung trägt?

☐ Frage 88

Wer ist für die sichere Aufbewahrung von Dienstwaffen und der entsprechenden Munition verantwortlich?

☐ Frage 89

Wem hat der Gewerbetreibende im Falle eines Waffengebrauchs diesen zu melden?

☐ Frage 90

Wer hat den Waffengebrauch der zuständigen Polizeidienststelle zu melden?

☐ Frage 91

Ist nur der Gebrauch von Schusswaffen zu melden?

☐ Frage 92

Wie wird ein Verstoß gegen die Bewachungsverordnung eingestuft?

☐ Frage 93

Welche Unfallverhütungsvorschrift ist dem Mitarbeiter vor Dienstantritt auszuhändigen?

☐ Frage 94

Müssen Sicherungsposten ohne Bewachungsaufgabe eine Sachkundeprüfung abgelegt oder eine Unterrichtung besucht haben?

5.4. Datenschutz

☐ Frage 95

Was versteht man unter personenbezogenen Daten?

☐ Frage 96

Welcher ist der beste Datenschutz?

☐ Frage 97

Welche gesetzlichen Grundlagen regeln den Datenschutz?

☐ Frage 98

Was versteht man unter automatisierter Datenverarbeitung?

☐ Frage 99

Wie lange dürfen personenbezogene Daten höchstens gespeichert werden?

☐ Frage 100

Was bedeutet das „Recht auf Vergessen"?

☐ Frage 101

Was versteht man unter der „verantwortlichen Person" im Sinne der DS-GVO?

☐ Frage 102

Was versteht man unter Profiling?

☐ Frage 103

Was versteht man unter dem Pseudonymisieren von personenbezogenen Daten?

☐ Frage 104

Wann muss eine Berichtigung von Daten erfolgen?

☐ Frage 105

Was versteht man unter dem Verarbeiten von Daten?

☐ Frage 106

Wie ist der beste Datenschutz in der Praxis umzusetzen?

☐ Frage 107

Wann muss ein Datenschutzbeauftragter in einem Unternehmen eingesetzt werden?

☐ Frage 108

Wer gilt im Sinne des Datenschutzrechts als Betroffener?

☐ Frage 109

Welches Recht hat ein Betroffener dem Daten erhebenden oder speichernden Unternehmen gegenüber?

5.5. Strafrecht / Strafprozessrecht

☐ Frage 110

Was besagt § 1 des Strafgesetzbuches (StGB)?

☐ Frage 111

Was ist zu prüfen, wenn es um die Bewertung der Strafbarkeit einer Handlung geht?

☐ Frage 112

Welche Voraussetzungen müssen erfüllt sein, um eine Vorläufige Festnahme nach § 127 StPO durchführen zu dürfen?

☐ Frage 113

Wann ist der Tatbestand erfüllt?

☐ Frage 114

Wann ist eine Handlung rechtswidrig?

☐ Frage 115

Wann handelt der Handelnde schuldhaft?

☐ Frage 116

Wer handelt vorsätzlich?

☐ Frage 117

Wer handelt fahrlässig?

☐ Frage 118

Nennen Sie ein Beispiel für fahrlässiges Handeln.

☐ Frage 119

Wer ist schuldunfähig?

☐ Frage 120

Warum gelten Kinder unter 14 Jahren generell als schuldunfähig?

☐ Frage 121

Wer gilt neben Kindern unter 14 Jahren noch als schuldunfähig?

☐ Frage 122

Was ist der Versuch einer Straftat?

☐ Frage 123

Wie unterscheidet man Verbrechen und Vergehen?

☐ Frage 124

Wie verhält es sich mit der Strafbarkeit des Versuches bei einem Verbrechen und wie verhält es sich mit der Strafbarkeit des Versuches bei einem Vergehen?

☐ Frage 125

Unter welchen Voraussetzungen führt der Rücktritt vom Versuch zur Straffreiheit?

☐ Frage 126

Was versteht man unter dem Verbotsirrtum?

☐ Frage 127

Was versteht man unter dem Erlaubnisirrtum?

☐ Frage 128

Wann spricht man von einem Tatbestandsirrtum?

☐ Frage 129

Wie wird die Beteiligung an einer Straftat unterschieden?

☐ Frage 130

Was wird bei der Teilnahme an einer Straftat unterschieden?

☐ Frage 131

Wer gilt als Täter einer Straftat?

☐ Frage 132

Wer ist Mittäter einer Straftat?

☐ Frage 133

Wer ist Anstifter einer Straftat?

☐ Frage 134

Wer leistet Beihilfe zu einer Straftat?

☐ Frage 135

Wer ist Täter bei einem echten Unterlassungsdelikt?

☐ Frage 136

Warum ist die unterlassene Hilfeleistung ein echtes Unterlassungsdelikt?

☐ Frage 137

Wer ist Täter bei einem unechten Unterlassungsdelikt?

☐ Frage 138

Welche Deliktsarten werden unterschieden?

☐ Frage 139

Was versteht man unter einem Antragsdelikt?

☐ Frage 140

Was versteht man unter einem Offizialdelikt?

☐ Frage 141

Was ist Voraussetzung für die Strafverfolgung hinsichtlich eines Offizialdeliktes?

☐ Frage 142

Zu welcher Art von Delikten gehören die Verbrechen?

☐ Frage 143

Bis zu welchem Wert (Betrag in EURO) gelten Güter als geringwertig?

☐ Frage 144

Definieren Sie den Diebstahl.

☐ Frage 145

Nennen Sie drei mögliche Merkmale, die den besonders schweren Fall des Diebstahls auszeichnen

☐ Frage 146

Ist eine vorläufige Festnahme zulässig, wenn hoheitliche Kräfte vor Ort sind?

☐ Frage 147

Was unterscheidet den Diebstahl von der Unterschlagung?

☐ Frage 148

Was unterscheidet den Raub vom Diebstahl?

☐ Frage 149

Wodurch wird aus einem Diebstahl ein Räuberischer Diebstahl?

☐ Frage 150

Was zeichnet die Erpressung aus?

☐ Frage 151

Diebstahl ist die Wegnahme einer beweglichen Sache in rechtswidriger Zueignungsabsicht für sich oder einen anderen. Welches Tatbestandsmerkmal fehlt bei dieser Definition?

☐ Frage 152

Zwei Jugendliche bemalen eine Betonmauer mit Kreide. Ist das Sachbeschädigung?

☐ Frage 153

Was zeichnet die Räuberische Erpressung aus?

☐ Frage 154

Nennen sie die „prüfungsrelevanten Arten" der Körperverletzung.

☐ Frage 155

Was zeichnet die Fahrlässige Körperverletzung aus?

☐ Frage 156

Was versteht man unter dem Begriff „körperliche Misshandlung" hinsichtlich der Körperverletzung nach § 223 StGB?

☐ Frage 157

Was ist ausschlaggebend für die Einordnung einer Körperverletzung als Gefährliche Körperverletzung?

☐ Frage 158

Nennen Sie drei Tatbestandsmerkmale der Gefährlichen Körperverletzung, die sie von der Körperverletzung unterscheiden.

☐ Frage 159

Was zeichnet die *Schwere* Körperverletzung aus?

☐ Frage 160

Nennen Sie drei Beispiele, bei denen es sich um eine schwere Körperverletzung handelt.

☐ Frage 161

Mit welcher Mindeststrafe sind Vergehen bedroht?

☐ Frage 162

Mit welcher Mindeststrafe sind Verbrechen bedroht?

☐ Frage 163

Ist eine fahrlässig begangene Tat strafbar?

☐ Frage 164

Nennen Sie die Begehungsarten des Hausfriedensbruchs nach § 123 StGB.

☐ Frage 165

Was ist Voraussetzung, damit ein Täter bei einem Betreten eines fremden Grundstückes Hausfriedensbruch begehen kann?

☐ Frage 166

Was ist unter unbefugtem Verweilen zu verstehen?

☐ Frage 167

Hat der Gast einer Lokalität, die er befugt betreten hat, Anspruch darauf, sein Getränk noch in Ruhe zu leeren, wenn er die Aufforderung erhält, den Hausrechtsbereich unverzüglich zu verlassen?

☐ Frage 168

Welche Bereiche werden durch § 123 StGB geschützt?

☐ Frage 169

Wie kann eine Amtsanmaßung begangen werden?

☐ Frage 170

Welches Rechtsgut soll durch die Vorschriften des StGB zur Beleidigung geschützt werden?

☐ Frage 171

Wann handelt es sich um üble Nachrede im Sinne des § 186 StGB?

☐ Frage 172

Wann handelt es sich bei einer Handlung um eine Verleumdung im Sinne des § 187 StGB?

☐ Frage 173

Wann handelt es sich um eine Freiheitsberaubung?

☐ Frage 174

Durch welchen Umstand wandelt sich die Freiheitsberaubung vom Vergehen zum Verbrechen?

☐ Frage 175

Wer begeht eine Nötigung nach § 240 StGB?

☐ Frage 176

Wer begeht eine Begünstigung?

☐ Frage 177

Wer begeht Strafvereitelung?

☐ Frage 178

Was ist eine Urkunde?

☐ Frage 179

Wer begeht Urkundenfälschung?

☐ Frage 180

Wozu dienen die Rechtfertigungsgründe im StGB?

☐ Frage 181

Welches Ziel muss die Festnahme einer Person nach § 127 Abs. 1 StPO haben?

☐ Frage 182

Nennen sie die Rechtfertigungsgründe des StGB.

☐ Frage 183

Nennen sie die Definition der Notwehr.

☐ Frage 184

Wann ist ein Angriff gegenwärtig?

☐ Frage 185

Welche Rechtsgüter sind notwehrfähig?

☐ Frage 186

Von was geht bei einer Notwehrsituation die Gefahr aus?

☐ Frage 187

Was versteht man unter Putativnotwehr?

☐ Frage 188

Welche Rechtsgüter sind notstandsfähig?

☐ Frage 189

Von wem geht bei einer Notstandsituation die Gefahr aus?

☐ Frage 190

Bei welchen Rechtsgütern kann der Entschuldigende Notstand Anwendung finden?

☐ Frage 191

Wessen Leib, Leben oder Freiheit darf in Gefahr sein, wenn der Entschuldigende Notstand Anwendung findet?

☐ Frage 192

Was versteht man unter Notwehrexzess?

☐ Frage 193

Wann wird der Täter beim Notwehrexzess nicht für sein Handeln bestraft?

5.6. Bürgerliches Recht

☐ Frage 194

Was zeichnet Eigentum aus?

☐ Frage 195

Warum kann eine Person Eigentümer eines Tieres sein?

☐ Frage 196

Wer ist Eigentümer?

☐ Frage 197

Welche Rechte hat der Eigentümer einer Sache?

☐ Frage 198

Was muss der Eigentümer einer Sache berücksichtigen, wenn er nach seinem Belieben mit seiner Sache verfährt?

☐ Frage 199

Wer ist Besitzer einer Sache?

☐ Frage 200

Was bedeutet Eigenbesitz?

☐ Frage 201

Was bedeutet Fremdbesitz?

☐ Frage 202

Was bedeutet Unmittelbarer Besitz?

☐ Frage 203

Was bedeutet Mittelbarer Besitz?

☐ Frage 204

Was zeichnet den Besitzdiener aus?

☐ Frage 205

Wer ist Eigentümer, wer Besitzer?

☐ Frage 206

Wer übt die tatsächliche Gewalt über eine Sache aus?

☐ Frage 207

Welche Voraussetzungen sind an die Besitzdienerschaft gebunden?

☐ Frage 208

Wie wird der Besitz an einer Sache aufgegeben?

☐ Frage 209

Welche Formen der verbotenen Eigenmacht gibt es?

☐ Frage 210

Was besagt das Hausrecht?

☐ Frage 211

Was besagt das Schikaneverbot?

☐ Frage 212

Was resultiert aus einem Verstoß gegen das Schikaneverbot?

☐ Frage 213

Wie wird dem Besitzdiener das Hausrecht übertragen?

☐ Frage 214

Was erlaubt der defensive Notstand?

☐ Frage 215

Wer ist zum Schadensersatz verpflichtet?

☐ Frage 216

Was erlaubt der aggressive Notstand?

☐ Frage 217

Was ist eine Besitzstörung?

☐ Frage 218

Was ist Verbotene Eigenmacht?

☐ Frage 219

Wird ein Dieb zum Besitzer an dem Stehlgut?

☐ Frage 220

Welche zwei Voraussetzungen müssen gegeben sein, damit ein Geschädigter im Rahmen der Selbsthilfe tätig werden kann?

☐ Frage 221

Wozu berechtigt die Selbsthilfe?

☐ Frage 222

Was bedeutet Besitzwehr?

☐ Frage 223

Was bedeutet Besitzkehr?

☐ Frage 224

Handelt der Besitzstörer rechtswidrig oder widerrechtlich?

☐ Frage 225

Warum existieren sowohl im BGB als auch im StGB Vorschriften zur Notwehr und zum Notstand?

☐ Frage 226

Was ist die Folge einer widerrechtlichen Handlung?

☐ Frage 227

Nennen Sie die Rechtfertigungsregelungen des BGB.

5.7. Waffenrecht

☐ Frage 228

Was berechtigt Sie zum Erwerb einer Schusswaffe?

☐ Frage 229

Was erlaubt eine Waffenbesitzkarte?

☐ Frage 230

Was erlaubt ein Waffenschein?

☐ Frage 231

Wer führt eine Waffe?

☐ Frage 232

Wer besitzt eine Waffe?

☐ Frage 233

Welche Papiere sind beim Führen einer Schusswaffe durch den Mitarbeiter im Bewachungsgewerbe zuständigen Personen auf Verlangen vorzulegen?

☐ Frage 234

Welche Möglichkeiten des legalen Erwerbs von Munition sieht das Waffengesetz vor?

☐ Frage 235

Welche Voraussetzungen müssen Unternehmer erfüllen, die einen Waffenschein beantragen?

☐ Frage 236

Was versteht man unter einem Bedürfnis im Waffenrecht?

☐ Frage 237

Ist Selbstverteidigung ein Bedürfnis im Sinne des Waffengesetzes?

☐ Frage 238

Wie sind Reizstoffsprühgeräte waffenrechtlich einzuordnen?

☐ Frage 239

Was ist beim Führen von Waffen zu beachten, wenn eine öffentliche Veranstaltung besucht werden soll?

☐ Frage 240

Wie lange ist ein Waffenschein gültig?

☐ Frage 241

Wie lange ist eine Waffenbesitzkarte gültig?

☐ Frage 242

Wie sind Waffen aufzubewahren?

☐ Frage 243

Dürfen Sie Ihre dienstliche Schusswaffe, die Ihnen für einen bestimmten Einsatz zugewiesen wurde, auch während eines anderen Bewachungsauftrages führen?

☐ Frage 244

Welche Sicherheitsstufe muss ein Waffenschrank aufweisen, in dem Sie zuhause Ihre Dienstwaffe zusammen mit der Munition aufbewahren dürfen?

☐ Frage 245

Was ist zu tun, wenn Sie eine Schusswaffe finden?

☐ Frage 246

Was ist waffenrechtlich zu beachten, wenn ein Unternehmen seinen Betrieb einstellt?

5.8. Unfallverhütungsvorschriften

☐ Frage 247

Welche Unfallverhütungsvorschriften (UVV) sind im Bewachungsgewerbe besonders zu beachten?

☐ Frage 248

Welche Unfallverhütungsvorschrift behandelt Gebots- und Verbotszeichen?

☐ Frage 249

Was haben Brillenträger zu beachten?

☐ Frage 250

Was ist beim Umgang mit Diensthunden zu beachten?

☐ Frage 251

Welche Unfallverhütungsvorschrift enthält Grundsätze der Prävention, etwa Bestimmungen zur Ersten Hilfe oder zur Organisation des Arbeitsschutzes?

☐ Frage 252

Welche zwei Aufgabenfelder werden von der Verwaltungs-Berufsgenossenschaft bearbeitet?

☐ Frage 253

Wer ist als Versicherer für die Übernahme von Arztkosten im Falle eines Arbeitsunfalls im Bewachungsgewerbe zuständig?

☐ Frage 254

Welche Rauschmittel dürfen im Dienst genossen werden?

☐ Frage 255

Wie sind Verbotszeichen farblich gestaltet?

☐ Frage 256

Wie sind Gebotszeichen farblich gestaltet?

☐ Frage 257

Wie sind Brandschutzzeichen farblich gestaltet?

☐ Frage 258

Wie sind Rettungszeichen farblich gestaltet?

☐ Frage 259

Wie sind Warnzeichen farblich gestaltet?

☐ Frage 260

Wie ist eine ständige Gefahrenstelle zu kennzeichnen?

☐ Frage 261

Welche Farbcodes dienen zur Kennzeichnung von Gefahrenstellen mittels „Flatterband“ oder „Klebeband“?

☐ Frage 262

Welche Zeichenart?

Welche Anweisung?

Welche Farbgestaltung?

☐ Frage 263

Welche Zeichenart?

Welche Anweisung?

Welche Farbgestaltung?

☐ Frage 264

Welche Zeichenart?

Welche Anweisung?

Welche Farbgestaltung?

☐ Frage 265

Welche Zeichenart?

Welche Anweisung?

Welche Farbgestaltung?

☐ Frage 266

Wie ist eine zeitlich begrenzte Gefahrenstelle zu kennzeichnen?

☐ Frage 267

Wer hat Dienstanweisungen zu erlassen?

☐ Frage 268

Welche Folgen kann ein fahrlässiger Verstoß gegen Vorschriften der DGUV Vorschrift 23 (vormals BGV C7) für den Beschäftigten haben?

☐ Frage 269

Was ist in der Allgemeinen Dienstanweisung zwingend zu erwähnen?

☐ Frage 270

Wo erhält ein Mitarbeiter die DGUV Vorschrift 23 (vormals BGV C7)?

5.9. Sicherheitstechnik / Brandschutz

☐ Frage 271

Auf welchen drei Säulen (Maßnahmenarten) beruhen Konzepte zur Objektsicherung?

☐ Frage 272

Was versteht man unter dem Begriff „Grundsicherung"?

☐ Frage 273

Wozu dient ein Sperrelement?

☐ Frage 274

Warum dürfen Sie einen Fettbrand nicht mit Waser löschen?

☐ Frage 275

Welche Arten von Gefahrenmeldeanlagen sind für Mitarbeiter im Bewachungsgewerbe bedeutsam?

☐ Frage 276

Was unterscheidet BMA und EMA von einer ÜMA?

☐ Frage 277

Wie arbeitet ein Flammenmelder?

☐ Frage 278

Ist eine Lichtschranke zur Raumüberwachung geeignet?

☐ Frage 279

Womit wird die Überschreitung einer Temperatur bei einer GMA gemessen?

☐ Frage 280

Welche Maße soll ein Zaunfeld einschließlich Untergrabschutz aufweisen?

☐ Frage 281

Was ist eine Personenvereinzelungsanlage?

☐ Frage 282

Welche Widerstandszeit weist eine Sicherheitstür der Widerstandsklasse (RC, vormals „WK“) 5 auf?

☐ Frage 283

Welche Widerstandsklasse ist mindestens für Türen an Gewerbeobjekten notwendig?

☐ Frage 284

Welche biometrischen Verfahren werden bei elektronischen Schließsystemen verwendet?

☐ Frage 285

Was unterscheidet aktive und passive Glasbruchmelder?

☐ Frage 286

Was ist eine NSL?

☐ Frage 287

Was ist ein „materielles Identifikationsmerkmal"?

☐ Frage 288

Was ist eine Störungsmeldeanlage?

☐ Frage 289

Was sind Peripheriegeräte?

☐ Frage 290

Reagieren Bewegungsmelder auch auf unbelebte Gegenstände wie Vorhänge?

☐ Frage 291

Wie arbeiten Ionisations-Rauchmelder?

☐ Frage 292

Was geht vor: Menschenrettung oder Sachenrettung?

☐ Frage 293

Was versteht man unter Freilandüberwachung?

☐ Frage 294

Sind Fußkontaktleisten üblicherweise Bestandteile einer Einbruchmeldeanlage?

☐ Frage 295

Wozu dienen Fußkontaktleisten?

☐ Frage 296

Was ist ein Körperschallmelder?

☐ Frage 297

Wofür steht „AWUG"?

☐ Frage 298

Wofür steht „AWAG"?

☐ Frage 299

Aus welchen Teilen bestehen Videoüberwachungsanlagen?

☐ Frage 300

Was sind Minutien?

☐ Frage 301

Wozu dient ein interner Alarm?

☐ Frage 302

Worauf basiert die Funktion eines PIR?

☐ Frage 303

Erklären Sie das Branddreieck?

☐ Frage 304

Nennen Sie die Brandklassen.

☐ Frage 305

Wie erkennen Sie, für welche Brandklassen ein Handfeuerlöscher geeignet ist?

☐ Frage 306

Wie löschen Sie einen Fettbrand im Küchenbereich ohne einen Handfeuerlöscher?

☐ Frage 307

Wie wirkt ein Pulverlöscher?

☐ Frage 308

Welche Löschmittel sind gebräuchlich?

☐ Frage 309

Welche Grundregeln gelten für den Einsatz von Handfeuerlöschern im Freien?

☐ Frage 310

Ist ein ABC-Handfeuerlöscher zum Löschen von Metallbränden geeignet?

☐ Frage 311

Wie wird ein mechanischer Sprinkler ausgelöst?

☐ Frage 312

Warum sollen im Außenbereich als Sprinkler nur Trockenanlagen verwendet werden?

☐ Frage 313

Welche Aufgabe haben Brandwände?

☐ Frage 314

Was ist ein Sprühteller?

☐ Frage 315

Worauf ist bei Feuerschutztüren immer zu achten?

☐ Frage 316

Was gilt grundsätzlich für Fluchtwege?

☐ Frage 317

Was zählt zum „vorbeugenden Brandschutz"?

☐ Frage 318

Was bedeutet „ex-geschützt" bei einer Funkanlage?

5.10. Kommunikationstechnik

☐ Frage 319

Warum setzt man bei einem Funkspruch an das Ende der Mitteilung das Wort „kommen"?

☐ Frage 320

Worauf ist bei Abwicklung des Funkverkehrs zu achten?

☐ Frage 321

Wie unterscheidet sich Betriebsfunk von einem Handy?

☐ Frage 322

Warum sollen über Funk keine persönlichen Daten übermittelt werden?

☐ Frage 323

Was ist der Unterschied zwischen Bündelfunk und Betriebsfunk?

☐ Frage 324

Wozu dient eine Totmannschaltung bei Handfunkgeräten?

☐ Frage 325

Wie lange sollen Sie warten, bevor Sie Ihre Leitstelle über eine verdächtige Beobachtung informieren?

5.11. Umgang mit Menschen

☐ Frage 326

Wer ist für eine gute Kommunikation verantwortlich?

☐ Frage 327

Welche menschlichen Ausdrucksformen dienen der Kommunikation?

☐ Frage 328

Was ist Kommunikation?

☐ Frage 329

Welches Kommunikationsmodell entwarf Friedemann Schulz von Thun?

☐ Frage 330

Wer ist als Ansprechpartner auszuwählen, wenn Sie gegen eine Gruppe von Personen vorgehen wollen?

☐ Frage 331

Welche 4 Elemente bilden die 4 „Seiten einer Nachricht“?

☐ Frage 332

Was versteht man unter dem Begriff „Paniksturm“?

☐ Frage 333

Was ist eine Eskalation?

☐ Frage 334

Was versteht man unter „Territorialverhalten"?

☐ Frage 335

Was ist eine „akute Masse"?

☐ Frage 336

Aus welchen Stufen besteht die Bedürfnispyramide nach Maslow?

☐ Frage 337

Was sind Vorurteile?

☐ Frage 338

Was ist das Fremdbild?

☐ Frage 339

Was ist der „blinde Fleck" im Selbstwertgefühl?

☐ Frage 340

Welche Regeln sind für eine wirksame Deeskalation zu beachten?

☐ Frage 341

Was besagt die Bedürfnispyramide nach Maslow?

☐ Frage 342

Was besagt die Eisberg-Theorie?

☐ Frage 343

Welche charakteristischen Eigenschaften haben Jugendliche?

☐ Frage 344

Welche charakteristischen Eigenschaften haben Senioren?

☐ Frage 345

Welcher Bereich wird als Gesellschaftszone bezeichnet?

☐ Frage 346

Welcher Bereich wird als Nahzone bezeichnet?

☐ Frage 347

Was unterscheidet Menschenmenge und Gruppe?

5.12. Eigensicherung

☐ Frage 348

Wie schützen Sie sich wirksam vor Infektionen im Umgang mit Kranken?

☐ Frage 349

Wie oft sollen Sie Ihre Ausrüstung prüfen?

☐ Frage 350

Warum sollen Sie Brillen mit Kunststoffgläsern bevorzugen?

☐ Frage 351

Warum ist ein guter Sitz der Dienstkleidung wichtig?

☐ Frage 352

Worauf sollten Sie beim Tragen einer Krawatte im Dienst achten?

6. Prüfungshinweise Ihres Dozenten

Bitte notieren Sie auf dieser Seite die Hinweise Ihres Dozenten bezüglich der Prüfung (Schwerpunkte, Verhalten, Erfahrungen).

7. Gesetzestexte

Die nachfolgenden Auszüge aus StGB, StPO und GG sollten Sie aufgrund ihrer Bedeutung in ihren wesentlichen Punkten wiedergeben können. Die Sammlung erhebt keinen Anspruch auf Vollständigkeit – doch sind es solch zentrale Normen, dass ihre Beherrschung bei einem Fachgespräch, wie es die Sachkundeprüfung ist, vorausgesetzt werden sollte.

Bei einzelnen Normen sind wesentliche Begriffe durch **Fettdruck** hervorgehoben.

7.1. Strafgesetzbuch (StGB)

7.1.1. § 303 Sachbeschädigung

(1) Wer rechtswidrig eine fremde Sache beschädigt oder zerstört, wird mit Freiheitsstrafe bis zu zwei Jahren oder mit Geldstrafe bestraft.

(2) Ebenso wird bestraft, wer unbefugt das Erscheinungsbild einer fremden Sache nicht nur unerheblich und nicht nur vorübergehend verändert.

(3) Der Versuch ist strafbar.

7.1.2. § 306 Brandstiftung

(1) Wer fremde

1. Gebäude oder Hütten,

2. Betriebsstätten oder technische Einrichtungen, namentlich Maschinen,

3. Warenlager oder -vorräte,

4. Kraftfahrzeuge, Schienen-, Luft- oder Wasserfahrzeuge,

5. Wälder, Heiden oder Moore oder

6. land-, ernährungs- oder forstwirtschaftliche Anlagen oder Erzeugnisse

in Brand setzt oder durch eine Brandlegung ganz oder teilweise zerstört, wird mit Freiheitsstrafe von einem Jahr bis zu zehn Jahren bestraft.

(2) In minder schweren Fällen ist die Strafe Freiheitsstrafe von sechs Monaten bis zu fünf Jahren.

7.1.3. Diebstahl (§ 242 StGB)

*(1) Wer eine **fremde bewegliche Sache** einem anderen **in der Absicht** wegnimmt, die Sache sich oder einem Dritten **rechtswidrig zuzueignen**, wird mit Freiheitsstrafe bis zu fünf Jahren oder mit Geldstrafe bestraft.*

*(2) Der **Versuch** ist strafbar.*

7.1.4. Unterschlagung (§ 246 StGB)

(1) Wer eine fremde bewegliche Sache sich oder einem Dritten rechtswidrig zueignet, wird mit Freiheitsstrafe bis zu drei Jahren oder mit Geldstrafe bestraft, wenn die Tat nicht in anderen Vorschriften mit schwererer Strafe bedroht ist.

(2) Ist in den Fällen des Absatzes 1 die Sache dem Täter anvertraut, so ist die Strafe Freiheitsstrafe bis zu fünf Jahren oder Geldstrafe.

(3) Der Versuch ist strafbar.

7.1.5. Raub (§ 249 StGB)

(1) Wer mit Gewalt gegen eine Person oder unter Anwendung von Drohungen mit gegenwärtiger Gefahr für Leib oder Leben eine fremde bewegliche Sache einem anderen in der Absicht wegnimmt, die Sache sich oder einem Dritten rechtswidrig zuzueignen, wird mit Freiheitsstrafe nicht unter einem Jahr bestraft.

(2) In minder schweren Fällen ist die Strafe Freiheitsstrafe von sechs Monaten bis zu fünf Jahren.

7.1.6. Erpressung (§ 253 StGB)

(1) Wer einen Menschen rechtswidrig mit Gewalt oder durch Drohung mit einem empfindlichen Übel zu einer Handlung, Duldung oder Unterlassung nötigt und dadurch dem Vermögen des Genötigten oder eines anderen Nachteil zufügt, um sich oder einen Dritten zu Unrecht zu bereichern, wird mit Freiheitsstrafe bis zu fünf Jahren oder mit Geldstrafe bestraft.

(2) Rechtswidrig ist die Tat, wenn die Anwendung der Gewalt oder die Androhung des Übels zu dem angestrebten Zweck als verwerflich anzusehen ist.

(3) Der Versuch ist strafbar.

7.1.7. Körperverletzung (§ 223 StGB)

(1) Wer eine andere Person körperlich misshandelt oder an der Gesundheit schädigt, wird mit Freiheitsstrafe bis zu fünf Jahren oder mit Geldstrafe bestraft.

(2) Der Versuch ist strafbar.

7.1.8. Gefährliche Körperverletzung (§ 224 StGB)

(1) Wer die Körperverletzung

1. durch ***Beibringung von Gift*** *oder anderen gesundheitsschädlichen Stoffen,*

2. mittels einer ***Waffe*** *oder eines* ***anderen gefährlichen Werkzeugs****,*

3. mittels eines ***hinterlistigen Überfalls****,*

4. mit einem anderen Beteiligten ***gemeinschaftlich*** *oder*

5. mittels einer ***das Leben gefährdenden Behandlung***

<u>begeht</u>, *wird mit Freiheitsstrafe von sechs Monaten bis zu zehn Jahren, in minder schweren Fällen mit Freiheitsstrafe von drei Monaten bis zu fünf Jahren bestraft.*

(2) Der Versuch ist strafbar.

7.1.9. Schwere Körperverletzung (§ 226 StGB)

(1) Hat die Körperverletzung ***<u>zur Folge</u>***, *dass die verletzte Person*

1. das Sehvermögen auf einem Auge oder beiden Augen, das Gehör, das Sprechvermögen oder die Fortpflanzungsfähigkeit verliert,

2. ein wichtiges Glied des Körpers verliert oder dauernd nicht mehr gebrauchen kann oder

3. in erheblicher Weise dauernd entstellt wird oder in Siechtum, Lähmung oder geistige Krankheit oder Behinderung verfällt,

so ist die Strafe Freiheitsstrafe von einem Jahr bis zu zehn Jahren.

(2) Verursacht der Täter eine der in Absatz 1 bezeichneten Folgen absichtlich oder wissentlich, so ist die Strafe Freiheitsstrafe nicht unter drei Jahren.

(3) In minder schweren Fällen des Absatzes 1 ist auf Freiheitsstrafe von sechs Monaten bis zu fünf Jahren, in minder schweren Fällen des Absatzes 2 auf Freiheitsstrafe von einem Jahr bis zu zehn Jahren zu erkennen.

7.1.10. Fahrlässige Körperverletzung (§ 229 StGB)

Wer durch Fahrlässigkeit die Körperverletzung einer anderen Person verursacht, wird mit Freiheitsstrafe bis zu drei Jahren oder mit Geldstrafe bestraft.

7.1.11. Hausfriedensbruch (§ 123 StGB)

(1) Wer in die Wohnung, in die Geschäftsräume oder in das befriedete Besitztum eines anderen oder in abgeschlossene Räume,

welche zum öffentlichen Dienst oder Verkehr bestimmt sind, widerrechtlich eindringt, oder wer, wenn er ohne Befugnis darin verweilt, auf die Aufforderung des Berechtigten sich nicht entfernt, wird mit Freiheitsstrafe bis zu einem Jahr oder mit Geldstrafe bestraft.

(2) Die Tat wird nur auf Antrag verfolgt.

7.1.12. Freiheitsberaubung (§ 239 StGB)

(1) Wer einen Menschen ***einsperrt*** *oder* ***auf andere Weise der Freiheit beraubt****, wird mit Freiheitsstrafe bis zu fünf Jahren oder mit Geldstrafe bestraft.*

(2) Der Versuch ist strafbar.

(3) Auf Freiheitsstrafe von einem Jahr bis zu zehn Jahren ist zu erkennen, wenn der Täter

1. das Opfer länger als eine Woche der Freiheit beraubt oder

2. durch die Tat oder eine während der Tat begangene Handlung eine schwere Gesundheitsschädigung des Opfers verursacht.

(4) Verursacht der Täter durch die Tat oder eine während der Tat begangene Handlung den Tod des Opfers, so ist die Strafe Freiheitsstrafe nicht unter drei Jahren.

(5) In minder schweren Fällen des Absatzes 3 ist auf Freiheitsstrafe von sechs Monaten bis zu fünf Jahren, in minder schweren Fällen des Absatzes 4 auf Freiheitsstrafe von einem Jahr bis zu zehn Jahren zu erkennen.

7.1.13. Nötigung (§ 240 StGB)

(1) Wer einen Menschen ***rechtswidrig*** *mit Gewalt oder durch Drohung mit einem empfindlichen Übel zu einer Handlung, Duldung oder Unterlassung nötigt, wird mit Freiheitsstrafe bis zu drei Jahren oder mit Geldstrafe bestraft.*

(2) Rechtswidrig ist die Tat, wenn die Anwendung der Gewalt oder die Androhung des Übels zu dem angestrebten Zweck als verwerflich anzusehen ist.

(3) Der Versuch ist strafbar.

(4) In besonders schweren Fällen ist die Strafe Freiheitsstrafe von sechs Monaten bis zu fünf Jahren. Ein besonders schwerer Fall liegt in der Regel vor, wenn der Täter

1. eine andere Person zu einer sexuellen Handlung oder zur Eingehung der Ehe nötigt,

2. eine Schwangere zum Schwangerschaftsabbruch nötigt oder

3. seine Befugnisse oder seine Stellung als Amtsträger missbraucht.

7.1.14. Bedrohung (§ 241 StGB)

(1) Wer einen Menschen mit der Begehung eines gegen ihn oder eine ihm nahestehende Person gerichteten ***Verbrechens*** *bedroht, wird mit Freiheitsstrafe bis zu einem Jahr oder mit Geldstrafe bestraft.*

(2) Ebenso wird bestraft, wer wider besseres Wissen einem Menschen vortäuscht, dass die Verwirklichung eines gegen ihn oder eine ihm nahestehende Person gerichteten Verbrechens bevorstehe.

7.1.15. Notwehr (§ 32 StGB)

(1) Wer eine Tat begeht, die durch Notwehr ***geboten*** *ist, handelt* ***nicht rechtswidrig****.*

(2) Notwehr ist die ***Verteidigung****, die* ***erforderlich*** *ist, um einen* ***gegenwärtigen rechtswidrigen Angriff*** *von* ***sich oder einem anderen*** *abzuwenden.*

7.1.16. Rechtfertigender Notstand (§ 34 StGB)

Wer in einer ***gegenwärtigen, nicht anders abwendbaren Gefahr*** *für* ***Leben, Leib, Freiheit, Ehre, Eigentum oder ein anderes Rechtsgut*** *eine Tat begeht, um die Gefahr* ***von sich oder einem anderen abzuwenden****, handelt nicht rechtswidrig, wenn bei* ***Abwägung der widerstreitenden Interessen****, namentlich der betroffenen Rechtsgüter und des Grades der ihnen drohenden Gefahren, das geschützte Interesse das beeinträchtigte wesentlich überwiegt. Dies gilt jedoch nur, soweit die Tat ein* ***angemessenes Mittel*** *ist, die Gefahr abzuwenden.*

7.1.17. Entschuldigender Notstand (§ 35 StGB)

(1) Wer in einer gegenwärtigen, nicht anders abwendbaren ***Gefahr für Leben, Leib oder Freiheit*** *eine rechtswidrige Tat begeht, um die Gefahr* ***von sich, einem Angehörigen oder einer anderen ihm nahestehenden Person*** *abzuwenden, handelt ohne Schuld. Dies gilt nicht, soweit dem Täter nach den Umständen, namentlich weil er die Gefahr selbst verursacht hat oder weil er in einem besonderen Rechtsverhältnis stand, zugemutet werden konnte, die Gefahr hinzunehmen; jedoch kann die Strafe nach § 49 Abs. 1 gemildert werden, wenn der Täter nicht mit Rücksicht auf ein besonderes Rechtsverhältnis die Gefahr hinzunehmen hatte.*

(2) Nimmt der Täter bei Begehung der Tat irrig Umstände an, welche ihn nach Absatz 1 entschuldigen würden, so wird er nur dann bestraft, wenn er den Irrtum vermeiden konnte. Die Strafe ist nach § 49 Abs. 1 zu mildern.

7.1.18. Notwehrexzess (§ 33 StGB)

Überschreitet der Täter die Grenzen der Notwehr aus Verwirrung, Furcht oder Schrecken, so wird er nicht bestraft.

7.2. Strafprozessordnung (StPO)

7.2.1. § 127

(1) Wird jemand **auf frischer Tat betroffen oder verfolgt**, so ist, wenn er **der Flucht verdächtig** ist oder seine **Identität nicht sofort festgestellt** werden kann, jedermann befugt, ihn auch ohne richterliche Anordnung vorläufig festzunehmen. Die Feststellung der Identität einer Person durch die Staatsanwaltschaft oder die Beamten des Polizeidienstes bestimmt sich nach § 163b Abs. 1.

(2) Die Staatsanwaltschaft und die Beamten des Polizeidienstes sind bei Gefahr im Verzug auch dann zur vorläufigen Festnahme befugt, wenn die Voraussetzungen eines Haftbefehls oder eines Unterbringungsbefehls vorliegen.

(3) Ist eine Straftat nur auf Antrag verfolgbar, so ist die vorläufige Festnahme auch dann zulässig, wenn ein Antrag noch nicht gestellt ist. Dies gilt entsprechend, wenn eine Straftat nur mit Ermächtigung oder auf Strafverlangen verfolgbar ist.

(4) Für die vorläufige Festnahme durch die Staatsanwaltschaft und die Beamten des Polizeidienstes gelten die §§ 114a bis 114c entsprechend.

7.3. Grundgesetz (GG)

7.3.1. Artikel 1

(1) Die Würde des Menschen ist unantastbar. Sie zu achten und zu schützen ist Verpflichtung aller staatlichen Gewalt.

(2) Das Deutsche Volk bekennt sich darum zu unverletzlichen und unveräußerlichen Menschenrechten als Grundlage jeder menschlichen Gemeinschaft, des Friedens und der Gerechtigkeit in der Welt.

(3) Die nachfolgenden Grundrechte binden Gesetzgebung, vollziehende Gewalt und Rechtsprechung als unmittelbar geltendes Recht.

7.3.2. Artikel 2

(1) Jeder hat das Recht auf die freie Entfaltung seiner Persönlichkeit, soweit er nicht die Rechte anderer verletzt und nicht gegen die verfassungsmäßige Ordnung oder das Sittengesetz verstößt.

(2) Jeder hat das Recht auf Leben und körperliche Unversehrtheit. Die Freiheit der Person ist unverletzlich. In diese Rechte darf nur auf Grund eines Gesetzes eingegriffen werden.

7.3.3. Artikel 3

(1) Alle Menschen sind vor dem Gesetz gleich.

(2) Männer und Frauen sind gleichberechtigt. Der Staat fördert die tatsächliche Durchsetzung der Gleichberechtigung von Frauen und Männern und wirkt auf die Beseitigung bestehender Nachteile hin.

(3) Niemand darf wegen seines Geschlechtes, seiner Abstammung, seiner Rasse, seiner Sprache, seiner Heimat und Herkunft, seines Glaubens, seiner religiösen oder politischen Anschauungen benachteiligt oder bevorzugt werden. Niemand darf wegen seiner Behinderung benachteiligt werden.

7.3.4. Artikel 4

(1) Die Freiheit des Glaubens, des Gewissens und die Freiheit des religiösen und weltanschaulichen Bekenntnisses sind unverletzlich.

(2) Die ungestörte Religionsausübung wird gewährleistet.

(3) Niemand darf gegen sein Gewissen zum Kriegsdienst mit der Waffe gezwungen werden. Das Nähere regelt ein Bundesgesetz.

7.3.5. Artikel 5

(1) Jeder hat das Recht, seine Meinung in Wort, Schrift und Bild frei zu äußern und zu verbreiten und sich aus allgemein zugänglichen

Quellen ungehindert zu unterrichten. Die Pressefreiheit und die Freiheit der Berichterstattung durch Rundfunk und Film werden gewährleistet. Eine Zensur findet nicht statt.

(2) Diese Rechte finden ihre Schranken in den Vorschriften der allgemeinen Gesetze, den gesetzlichen Bestimmungen zum Schutze der Jugend und in dem Recht der persönlichen Ehre.

(3) Kunst und Wissenschaft, Forschung und Lehre sind frei. Die Freiheit der Lehre entbindet nicht von der Treue zur Verfassung.

7.3.6. Artikel 6

(1) Ehe und Familie stehen unter dem besonderen Schutze der staatlichen Ordnung.

(2) Pflege und Erziehung der Kinder sind das natürliche Recht der Eltern und die zuvörderst ihnen obliegende Pflicht. Über ihre Betätigung wacht die staatliche Gemeinschaft.

(3) Gegen den Willen der Erziehungsberechtigten dürfen Kinder nur auf Grund eines Gesetzes von der Familie getrennt werden, wenn die Erziehungsberechtigten versagen oder wenn die Kinder aus anderen Gründen zu verwahrlosen drohen.

(4) Jede Mutter hat Anspruch auf den Schutz und die Fürsorge der Gemeinschaft.

(5) Den unehelichen Kindern sind durch die Gesetzgebung die gleichen Bedingungen für ihre leibliche und seelische Entwicklung und ihre Stellung in der Gesellschaft zu schaffen wie den ehelichen Kindern.

7.3.7. Artikel 7

(1) Das gesamte Schulwesen steht unter der Aufsicht des Staates.

(2) Die Erziehungsberechtigten haben das Recht, über die Teilnahme des Kindes am Religionsunterricht zu bestimmen.

(3) Der Religionsunterricht ist in den öffentlichen Schulen mit Ausnahme der bekenntnisfreien Schulen ordentliches Lehrfach. Unbeschadet des staatlichen Aufsichtsrechtes wird der Religionsunterricht in Übereinstimmung mit den Grundsätzen der Religionsgemeinschaften erteilt. Kein Lehrer darf gegen seinen Willen verpflichtet werden, Religionsunterricht zu erteilen.

(4) Das Recht zur Errichtung von privaten Schulen wird gewährleistet. Private Schulen als Ersatz für öffentliche Schulen bedürfen der Genehmigung des Staates und unterstehen den Landesgesetzen. Die Genehmigung ist zu erteilen, wenn die privaten Schulen in ihren Lehrzielen und Einrichtungen sowie in der wissenschaftlichen Ausbildung ihrer Lehrkräfte nicht hinter den öffentlichen Schulen zurückstehen und eine Sonderung der Schüler nach den Besitzverhältnissen der Eltern nicht gefördert wird. Die Genehmigung ist zu versagen, wenn die wirtschaftliche und rechtliche Stellung der Lehrkräfte nicht genügend gesichert ist.

(5) Eine private Volksschule ist nur zuzulassen, wenn die Unterrichtsverwaltung ein besonderes pädagogisches Interesse anerkennt oder, auf Antrag von Erziehungsberechtigten, wenn sie als Gemeinschaftsschule, als Bekenntnis- oder Weltanschauungsschule errichtet werden soll und eine öffentliche Volksschule dieser Art in der Gemeinde nicht besteht.

(6) Vorschulen bleiben aufgehoben.

7.3.8. Artikel 8

(1) Alle Deutschen haben das Recht, sich ohne Anmeldung oder Erlaubnis friedlich und ohne Waffen zu versammeln.

(2) Für Versammlungen unter freiem Himmel kann dieses Recht durch Gesetz oder auf Grund eines Gesetzes beschränkt werden.

7.3.9. Artikel 9

(1) Alle Deutschen haben das Recht, Vereine und Gesellschaften zu bilden.

(2) Vereinigungen, deren Zwecke oder deren Tätigkeit den Strafgesetzen zuwiderlaufen oder die sich gegen die verfassungsmäßige Ordnung oder gegen den Gedanken der Völkerverständigung richten, sind verboten.

(3) Das Recht, zur Wahrung und Förderung der Arbeits- und Wirtschaftsbedingungen Vereinigungen zu bilden, ist für jedermann und für alle Berufe gewährleistet. Abreden, die dieses Recht einschränken oder zu behindern suchen, sind nichtig, hierauf gerichtete Maßnahmen sind rechtswidrig. Maßnahmen nach den Artikeln 12a, 35 Abs. 2 und 3, Artikel 87a Abs. 4 und Artikel 91 dürfen sich nicht gegen Arbeitskämpfe richten, die zur Wahrung und Förderung der Arbeits- und Wirtschaftsbedingungen von Vereinigungen im Sinne des Satzes 1 geführt werden.

7.3.10. Artikel 10

(1) Das Briefgeheimnis sowie das Post- und Fernmeldegeheimnis sind unverletzlich.

(2) Beschränkungen dürfen nur auf Grund eines Gesetzes angeordnet werden. Dient die Beschränkung dem Schutze der freiheitlichen demokratischen Grundordnung oder des Bestandes oder der Sicherung des Bundes oder eines Landes, so kann das Gesetz bestimmen, dass sie dem Betroffenen nicht mitgeteilt wird und dass an die Stelle des Rechtsweges die Nachprüfung durch von der Volksvertretung bestellte Organe und Hilfsorgane tritt.

7.3.11. Artikel 11

(1) Alle Deutschen genießen Freizügigkeit im ganzen Bundesgebiet.

(2) Dieses Recht darf nur durch Gesetz oder auf Grund eines Gesetzes und nur für die Fälle eingeschränkt werden, in denen eine ausreichende Lebensgrundlage nicht vorhanden ist und der Allgemeinheit daraus besondere Lasten entstehen würden oder in denen es zur

Abwehr einer drohenden Gefahr für den Bestand oder die freiheitliche demokratische Grundordnung des Bundes oder eines Landes, zur Bekämpfung von Seuchengefahr, Naturkatastrophen oder besonders schweren Unglücksfällen, zum Schutze der Jugend vor Verwahrlosung oder um strafbaren Handlungen vorzubeugen, erforderlich ist.

7.3.12. Artikel 12

(1) Alle Deutschen haben das Recht, Beruf, Arbeitsplatz und Ausbildungsstätte frei zu wählen. Die Berufsausübung kann durch Gesetz oder auf Grund eines Gesetzes geregelt werden.

(2) Niemand darf zu einer bestimmten Arbeit gezwungen werden, außer im Rahmen einer herkömmlichen allgemeinen, für alle gleichen öffentlichen Dienstleistungspflicht.

(3) Zwangsarbeit ist nur bei einer gerichtlich angeordneten Freiheitsentziehung zulässig.

7.3.13. Artikel 12a

(1) Männer können vom vollendeten achtzehnten Lebensjahr an zum Dienst in den Streitkräften, im Bundesgrenzschutz oder in einem Zivilschutzverband verpflichtet werden.

(2) Wer aus Gewissensgründen den Kriegsdienst mit der Waffe verweigert, kann zu einem Ersatzdienst verpflichtet werden. Die Dauer des Ersatzdienstes darf die Dauer des Wehrdienstes nicht übersteigen. Das Nähere regelt ein Gesetz, das die Freiheit der Gewissensentscheidung nicht beeinträchtigen darf und auch eine Möglichkeit des Ersatzdienstes vorsehen muss, die in keinem Zusammenhang mit den Verbänden der Streitkräfte und des Bundesgrenzschutzes steht.

(3) Wehrpflichtige, die nicht zu einem Dienst nach Absatz 1 oder 2 herangezogen sind, können im Verteidigungsfalle durch Gesetz oder auf Grund eines Gesetzes zu zivilen Dienstleistungen für Zwecke der Verteidigung einschließlich des Schutzes der Zivilbevölkerung

in Arbeitsverhältnisse verpflichtet werden; Verpflichtungen in öffentlich-rechtliche Dienstverhältnisse sind nur zur Wahrnehmung polizeilicher Aufgaben oder solcher hoheitlichen Aufgaben der öffentlichen Verwaltung, die nur in einem öffentlich- rechtlichen Dienstverhältnis erfüllt werden können, zulässig. Arbeitsverhältnisse nach Satz 1 können bei den Streitkräften, im Bereich ihrer Versorgung sowie bei der öffentlichen Verwaltung begründet werden; Verpflichtungen in Arbeitsverhältnisse im Bereiche der Versorgung der Zivilbevölkerung sind nur zulässig, um ihren lebensnotwendigen Bedarf zu decken oder ihren Schutz sicherzustellen.

(4) Kann im Verteidigungsfalle der Bedarf an zivilen Dienstleistungen im zivilen Sanitäts- und Heilwesen sowie in der ortsfesten militärischen Lazarettorganisation nicht auf freiwilliger Grundlage gedeckt werden, so können Frauen vom vollendeten achtzehnten bis zum vollendeten fünfundfünfzigsten Lebensjahr durch Gesetz oder auf Grund eines Gesetzes zu derartigen Dienstleistungen herangezogen werden. Sie dürfen auf keinen Fall zum Dienst mit der Waffe verpflichtet werden.

(5) Für die Zeit vor dem Verteidigungsfalle können Verpflichtungen nach Absatz 3 nur nach Maßgabe des Artikels 80a Abs. 1 begründet werden. Zur Vorbereitung auf Dienstleistungen nach Absatz 3, für die besondere Kenntnisse oder Fertigkeiten erforderlich sind, kann durch Gesetz oder auf Grund eines Gesetzes die Teilnahme an Ausbildungsveranstaltungen zur Pflicht gemacht werden. Satz 1 findet insoweit keine Anwendung.

(6) Kann im Verteidigungsfalle der Bedarf an Arbeitskräften für die in Absatz 3 Satz 2 genannten Bereiche auf freiwilliger Grundlage nicht gedeckt werden, so kann zur Sicherung dieses Bedarfs die Freiheit der Deutschen, die Ausübung eines Berufs oder den Arbeitsplatz aufzugeben, durch Gesetz oder auf Grund eines Gesetzes eingeschränkt werden. Vor Eintritt des Verteidigungsfalles gilt Absatz 5 Satz 1 entsprechend.

7.3.14. Artikel 13

(1) Die Wohnung ist unverletzlich.

(2) Durchsuchungen dürfen nur durch den Richter, bei Gefahr im Verzuge auch durch die in den Gesetzen vorgesehenen anderen Organe angeordnet und nur in der dort vorgeschriebenen Form durchgeführt werden.

(3) Begründen bestimmte Tatsachen den Verdacht, dass jemand eine durch Gesetz einzeln bestimmte besonders schwere Straftat begangen hat, so dürfen zur Verfolgung der Tat auf Grund richterlicher Anordnung technische Mittel zur akustischen Überwachung von Wohnungen, in denen der Beschuldigte sich vermutlich aufhält, eingesetzt werden, wenn die Erforschung des Sachverhalts auf andere Weise unverhältnismäßig erschwert oder aussichtslos wäre. Die Maßnahme ist zu befristen. Die Anordnung erfolgt durch einen mit drei Richtern besetzten Spruchkörper. Bei Gefahr im Verzuge kann sie auch durch einen einzelnen Richter getroffen werden.

(4) Zur Abwehr dringender Gefahren für die öffentliche Sicherheit, insbesondere einer gemeinen Gefahr oder einer Lebensgefahr, dürfen technische Mittel zur Überwachung von Wohnungen nur auf Grund richterlicher Anordnung eingesetzt werden. Bei Gefahr im Verzuge kann die Maßnahme auch durch eine andere gesetzlich bestimmte Stelle angeordnet werden; eine richterliche Entscheidung ist unverzüglich nachzuholen.

(5) Sind technische Mittel ausschließlich zum Schutze der bei einem Einsatz in Wohnungen tätigen Personen vorgesehen, kann die Maßnahme durch eine gesetzlich bestimmte Stelle angeordnet werden. Eine anderweitige Verwertung der hierbei erlangten Erkenntnisse ist nur zum Zwecke der Strafverfolgung oder der Gefahrenabwehr und nur zulässig, wenn zuvor die Rechtmäßigkeit der Maßnahme richterlich festgestellt ist; bei Gefahr im Verzuge ist die richterliche Entscheidung unverzüglich nachzuholen.

(6) Die Bundesregierung unterrichtet den Bundestag jährlich über den nach Absatz 3 sowie über den im Zuständigkeitsbereich des Bundes nach Absatz 4 und, soweit richterlich überprüfungsbedürftig,

nach Absatz 5 erfolgten Einsatz technischer Mittel. Ein vom Bundestag gewähltes Gremium übt auf der Grundlage dieses Berichts die parlamentarische Kontrolle aus. Die Länder gewährleisten eine gleichwertige parlamentarische Kontrolle.

(7) Eingriffe und Beschränkungen dürfen im übrigen nur zur Abwehr einer gemeinen Gefahr oder einer Lebensgefahr für einzelne Personen, auf Grund eines Gesetzes auch zur Verhütung dringender Gefahren für die öffentliche Sicherheit und Ordnung, insbesondere zur Behebung der Raumnot, zur Bekämpfung von Seuchengefahr oder zum Schutze gefährdeter Jugendlicher vorgenommen werden.

Fußnote

Art. 13 Abs. 3: Eingef. durch Art. 1 Nr. 1 G v. 26.3.1998 I 610 mWv 1.4.1998; mit GG Art. 79 Abs. 3 vereinbar gem. BVerfGE v. 3.3.2004 (1 BvR 2378/98, 1 BvR 1084/99)

7.3.15. Artikel 14

(1) Das Eigentum und das Erbrecht werden gewährleistet. Inhalt und Schranken werden durch die Gesetze bestimmt.

(2) Eigentum verpflichtet. Sein Gebrauch soll zugleich dem Wohle der Allgemeinheit dienen.

(3) Eine Enteignung ist nur zum Wohle der Allgemeinheit zulässig. Sie darf nur durch Gesetz oder auf Grund eines Gesetzes erfolgen, das Art und Ausmaß der Entschädigung regelt. Die Entschädigung ist unter gerechter Abwägung der Interessen der Allgemeinheit und der Beteiligten zu bestimmen. Wegen der Höhe der Entschädigung steht im Streitfalle der Rechtsweg vor den ordentlichen Gerichten offen.

7.3.16. Artikel 15

Grund und Boden, Naturschätze und Produktionsmittel können zum Zwecke der Vergesellschaftung durch ein Gesetz, das Art und Ausmaß der Entschädigung regelt, in Gemeineigentum oder in andere

Formen der Gemeinwirtschaft überführt werden. Für die Entschädigung gilt Artikel 14 Abs. 3 Satz 3 und 4 entsprechend.

7.3.17. Artikel 16

(1) Die deutsche Staatsangehörigkeit darf nicht entzogen werden. Der Verlust der Staatsangehörigkeit darf nur auf Grund eines Gesetzes und gegen den Willen des Betroffenen nur dann eintreten, wenn der Betroffene dadurch nicht staatenlos wird.

(2) Kein Deutscher darf an das Ausland ausgeliefert werden. Durch Gesetz kann eine abweichende Regelung für Auslieferungen an einen Mitgliedstaat der Europäischen Union oder an einen internationalen Gerichtshof getroffen werden, soweit rechtsstaatliche Grundsätze gewahrt sind.

7.3.18. Artikel 16a

(1) Politisch Verfolgte genießen Asylrecht.

(2) Auf Absatz 1 kann sich nicht berufen, wer aus einem Mitgliedstaat der Europäischen Gemeinschaften oder aus einem anderen Drittstaat einreist, in dem die Anwendung des Abkommens über die Rechtsstellung der Flüchtlinge und der Konvention zum Schutze der Menschenrechte und Grundfreiheiten sichergestellt ist. Die Staaten außerhalb der Europäischen Gemeinschaften, auf die die Voraussetzungen des Satzes 1 zutreffen, werden durch Gesetz, das der Zustimmung des Bundesrates bedarf, bestimmt. In den Fällen des Satzes 1 können aufenthaltsbeendende Maßnahmen unabhängig von einem hiergegen eingelegten Rechtsbehelf vollzogen werden.

(3) Durch Gesetz, das der Zustimmung des Bundesrates bedarf, können Staaten bestimmt werden, bei denen auf Grund der Rechtslage, der Rechtsanwendung und der allgemeinen politischen Verhältnisse gewährleistet erscheint, dass dort weder politische Verfolgung noch unmenschliche oder erniedrigende Bestrafung oder Behandlung stattfindet. Es wird vermutet, dass ein Ausländer aus einem solchen

Staat nicht verfolgt wird, solange er nicht Tatsachen vorträgt, die die Annahme begründen, dass er entgegen dieser Vermutung politisch verfolgt wird.

(4) Die Vollziehung aufenthaltsbeendender Maßnahmen wird in den Fällen des Absatzes 3 und in anderen Fällen, die offensichtlich unbegründet sind oder als offensichtlich unbegründet gelten, durch das Gericht nur ausgesetzt, wenn ernstliche Zweifel an der Rechtmäßigkeit der Maßnahme bestehen; der Prüfungsumfang kann eingeschränkt werden und verspätetes Vorbringen unberücksichtigt bleiben. Das Nähere ist durch Gesetz zu bestimmen.

(5) Die Absätze 1 bis 4 stehen völkerrechtlichen Verträgen von Mitgliedstaaten der Europäischen Gemeinschaften untereinander und mit dritten Staaten nicht entgegen, die unter Beachtung der Verpflichtungen aus dem Abkommen über die Rechtsstellung der Flüchtlinge und der Konvention zum Schutze der Menschenrechte und Grundfreiheiten, deren Anwendung in den Vertragsstaaten sichergestellt sein muss, Zuständigkeitsregelungen für die Prüfung von Asylbegehren einschließlich der gegenseitigen Anerkennung von Asylentscheidungen treffen.

Fußnote

Art. 16a: Eingef. durch Art. 1 Nr. 2 G v. 28.6.1993 I 1002 mWv 30.6.1993; mit Art. 79 Abs. 3 GG (100-1) vereinbar gem. BVerfGE v. 14.5.1996 I 952 (2 BvR 1938/93, 2 BvR 2315/93)

7.3.19. Artikel 17

Jedermann hat das Recht, sich einzeln oder in Gemeinschaft mit anderen schriftlich mit Bitten oder Beschwerden an die zuständigen Stellen und an die Volksvertretung zu wenden.

7.3.20. Artikel 17a

(1) Gesetze über Wehrdienst und Ersatzdienst können bestimmen, dass für die Angehörigen der Streitkräfte und des Ersatzdienstes

während der Zeit des Wehr- oder Ersatzdienstes das Grundrecht, seine Meinung in Wort, Schrift und Bild frei zu äußern und zu verbreiten (Artikel 5 Abs. 1 Satz 1 erster Halbsatz), das Grundrecht der Versammlungsfreiheit (Artikel 8) und das Petitionsrecht (Artikel 17), soweit es das Recht gewährt, Bitten oder Beschwerden in Gemeinschaft mit anderen vorzubringen, eingeschränkt werden.

(2) Gesetze, die der Verteidigung einschließlich des Schutzes der Zivilbevölkerung dienen, können bestimmen, dass die Grundrechte der Freizügigkeit (Artikel 11) und der Unverletzlichkeit der Wohnung (Artikel 13) eingeschränkt werden.

7.3.21. Artikel 18

Wer die Freiheit der Meinungsäußerung, insbesondere die Pressefreiheit (Artikel 5 Abs. 1), die Lehrfreiheit (Artikel 5 Abs. 3), die Versammlungsfreiheit (Artikel 8), die Vereinigungsfreiheit (Artikel 9), das Brief-, Post- und Fernmeldegeheimnis (Artikel 10), das Eigentum (Artikel 14) oder das Asylrecht (Artikel 16a) zum Kampfe gegen die freiheitliche demokratische Grundordnung missbraucht, verwirkt diese Grundrechte. Die Verwirkung und ihr Ausmaß werden durch das Bundesverfassungsgericht ausgesprochen.

7.3.22. Artikel 19

(1) Soweit nach diesem Grundgesetz ein Grundrecht durch Gesetz oder auf Grund eines Gesetzes eingeschränkt werden kann, muss das Gesetz allgemein und nicht nur für den Einzelfall gelten. Außerdem muss das Gesetz das Grundrecht unter Angabe des Artikels nennen.

(2) In keinem Falle darf ein Grundrecht in seinem Wesensgehalt angetastet werden.

(3) Die Grundrechte gelten auch für inländische juristische Personen, soweit sie ihrem Wesen nach auf diese anwendbar sind.

(4) Wird jemand durch die öffentliche Gewalt in seinen Rechten verletzt, so steht ihm der Rechtsweg offen. Soweit eine andere Zuständigkeit nicht begründet ist, ist der ordentliche Rechtsweg gegeben. Artikel 10 Abs. 2 Satz 2 bleibt unberührt.

7.3.23. Artikel 20

(1) Die Bundes**republik** Deutschland ist ein **demokratischer** und **sozialer Bundesstaat**.

(2) Alle Staatsgewalt geht vom Volke aus. Sie wird vom Volke in Wahlen und Abstimmungen und durch besondere Organe der Gesetzgebung, der vollziehenden Gewalt und der Rechtsprechung ausgeübt.

(3) Die Gesetzgebung ist an die verfassungsmäßige Ordnung, die vollziehende Gewalt und die Rechtsprechung sind an Gesetz und **Recht** gebunden.

(4) Gegen jeden, der es unternimmt, diese Ordnung zu beseitigen, haben alle Deutschen das Recht zum Widerstand, wenn andere Abhilfe nicht möglich ist.

7.3.24. Artikel 20a

Der Staat schützt auch in Verantwortung für die künftigen Generationen die natürlichen Lebensgrundlagen und die Tiere im Rahmen der verfassungsmäßigen Ordnung durch die Gesetzgebung und nach Maßgabe von Gesetz und Recht durch die vollziehende Gewalt und die Rechtsprechung.

8. Die Antworten

1

Der Staat definiert sich über die drei Elemente Staatsgebiet, Staatsvolk und Staatsgewalt (Staatsmacht).

2

Ein Rechtsgut ist ein geschütztes Interesse, zum Beispiel Ehre, Eigentum oder körperliche Unversehrtheit.

3

Recht ist die Gesamtheit aller Normen oder Rechtssätze die das Zusammenleben einer Gesellschaft innerhalb eines fest definierten Geltungsbereiches regelt.

4

Gesetze, Verordnungen, Bestimmungen, aktuelle Rechtsprechung, Satzungen und das Gewohnheitsrecht

5

In dem föderalistischen System unseres Landes haben sich mehrere Bundesländer zu einem Bundesstaat zusammengeschlossen. Die unabhängig voneinander existenten Teile bilden damit auch ein Ganzes, die Gesetzgebung erfolgt teilweise auf Bundesebene, teilweise auch nur auf Landesebene.

6

Republik, Demokratie, Sozialstaat, Rechtsstaat, Bundesstaat und die Gewaltenteilung

7

Das alleinige Recht auf Anwendung von Gewalt liegt bei einer einzigen Institution.

8

In der Bundesrepublik Deutschland liegt das Gewaltmonopol beim Staat.

9

Artikel 20 GG

10

Ja, im Rahmen der Selbsthilfe- und Notwehrrechte

(fälschlicherweise wird auch der Begriff „Jedermannrechte" für diese Rechte benutzt)

11

Hoheitliche Hilfe darf nicht vor Ort sein oder ist nicht rechtzeitig zur Wahrung der Rechtsansprüche heranzuziehen

12

Die Verhältnismäßigkeit der Mittel ist stets zu beachten.

13

Nein.

14

Es ist stets das mildeste Mittel zu wählen, das bei der Anwendung den Erfolg der Maßnahme sicherstellt und hierbei den geringsten Schaden verursacht.

15

Die Gewaltenteilung hat die Aufgabe zu verhindern, dass eine einzige Stelle oder Institution Gesetze erlassen, danach richten und sie ausführen kann. Den einzelnen Gewalten kommt die Aufgabe zu, die anderen zu kontrollieren.

16

Legislative = gesetzgebende Gewalt;

Exekutive = ausführende Gewalt;

Judikative = richterliche oder rechtssprechende Gewalt

17

Auch das Amtsgericht ist, wie alle Elemente der Gerichtsbarkeit, Teil der Judikative.

18

Legislative = Bundestag, Bundesrat;

Judikative = Gerichte, Richter;

Exekutive = Polizei, Staatsanwaltschaft

19

Das Grundgesetz soll den Bürger vor einer Willkür des Staates schützen, insbesondere durch die Gestaltung der Grundrechte.

20

Die Ewigkeitsklausel in Artikel 79 GG verbietet eine Änderung der Verfassungsprinzipien nach Artikel 20 GG.

21

Die Hauptaufgabe der Staatsanwaltschaft ist die Leitung der Ermittlungen im Falle von Straftaten. Dies stellt eine ausführende Tätigkeit da.

22

Das Grundgesetz kann auch zum Schutz von Rechtsgütern einzelner Bürger angewendet werden wenn die Gefahr für diese Rechtsgüter von anderen Bürgern und nicht vom Staat ausgeht.

23

Artikel 1 GG: Die Würde des Menschen ist unantastbar.

24

Die Unantastbarkeit der Menschenwürde bedeutet, dass der Schutz der Menschenwürde unter keinen Umständen aufgehoben werden kann, nicht einmal per Gesetzesänderung (eine Änderung des Grundgesetzes hinsichtlich Artikel 1 GG ist nicht möglich).

25

Nach Artikel 79 GG dürfen Artikel 1 GG und Artikel 20 GG niemals geändert werden, werden also „ewig“ gültig sein.

26

Nach dem Koordinationsprinzip treten im Privaten Recht die Beteiligten „auf Augenhöhe“ einander gegenüber.

27

Kontrolle durch Andersgeschlechtliche („Nachschau“); öffentliche Bloßstellung; Diskriminierung

28

Artikel 2 GG besagt, dass jeder Mensch in der Bundesrepublik Deutschland das Recht auf freie Entfaltung seiner Persönlichkeit hat.

29

In Artikel 3 GG wird der Gleichheitsgrundsatz festgelegt.

30

Artikel 3 GG

31

Der Mitarbeiter des Bewachungsunternehmens hat in Ausübung seines Dienstes alle Personen ungeachtet ihrer gesellschaftlichen oder firmeninternen Stellung gleich zu behandeln.

32

Artikel 5 GG schützt die Meinungs- und Informationsfreiheit. Aber: Beleidigungen und die Verletzung der Ehre Dritter sind auch unter Berufung auf diesen Artikel des Grundgesetztes strafbar!

33

Artikel 8 GG garantiert allen Deutschen das Recht auf Versammlungsfreiheit. Dieses Recht kann bei Versammlungen im öffentlichen Verkehrsraum eingeschränkt werden. Auch berechtigt es nicht dazu, eine Versammlung innerhalb umfriedeten Besitztums eines Dritten gegen dessen Willen abzuhalten.

34

Artikel 5 GG

35

Durch Artikel 10 GG werden das Briefgeheimnis sowie das Post- und Fernmeldegeheimnis geschützt. Sowohl dem Staat als auch privaten Stellen ist es nicht gestattet, die Kommunikation Dritter zu überwachen. In einzelnen Fällen kann aber auf richterliche Anweisung hiervon abgewichen werden (nur staatliche Stellen).

36

Artikel 12 GG sichert das Grundrecht auf freie Berufswahl.

37

Durch bestehende Rechtsnormen (z.B. Gewerbeordnung, in Ihrem Falle § 34a GewO) können Zugangsvoraussetzungen festgelegt sein, die zur Ausübung bestimmter Tätigkeiten erforderlich sind.

38

Nein. Das Grundrecht auf freie Berufswahl kann durch den Gesetzgeber eingeschränkt werden.

39

Artikel 13 GG garantiert die Unverletzlichkeit der Wohnung.

40

Recht auf Eigentum und Vererbbarkeit von Eigentum

41

Der Eigentümer hat die Pflicht, dafür Sorge zu tragen, dass von seinem Eigentum keine Gefahr für Dritte ausgeht (z. B. Kfz-Eigentümer hat für technische Sicherheit des Fahrzeuges zu sorgen); Eigentum hat auch dem Wohle der Gesellschaft zu dienen – so darf der Eigentümer eines Wohnblocks den Wohnraum nicht vorsätzlich verwahrlosen lassen.

42

Volksherrschaft

43

Öffentliches Recht und Privates Recht.

44

Das Öffentliche Recht regelt die Belange zwischen dem Staat und dem Bürger, das Private Recht regelt die Belange der Bürger untereinander.

45

Im öffentlichen Recht; der Staat ist dem Bürger übergeordnet.

46

Fiskalisches Handeln ist die Teilnahme des Staates als Vertragspartner im Privaten Recht, etwa als Vermieter von Wohnungen oder Verkäufer von Holz aus Forsten.

47

Im Privaten Recht; die Bürger (besser: die Beteiligten im Verfahren) sind gleichgestellt.

48

Etwa im Rahmen einer Garantieforderung bei dem Kauf eines Computers. Hier tritt der Staat nicht als Vertreter der Gesellschaft auf, sondern als Kunde im Rahmen eines Kaufvertrages.

49

Der Mitarbeiter wird tätig auf Grundlage der jedem Bürger zustehenden Rechte und der ihm übertragenen Hausrechte. Hoheitliche Rechte stehen ihm nicht zu!

50

Nein. Hoheitliche Rechte stehen weder Unternehmern noch Mitarbeiter im Bewachungsgewerbe zu.

51

PPP ist die Zusammenarbeit zwischen öffentlichen Stellen und privaten Sicherheitsdienstleistern.

52

Die Gewerbeordnung regelt die Zugangsvoraussetzungen zur Teilnahme am Markt und die Pflichten eines Gewerbetreibenden.

53

Bewachungsgewerbe ist der gewerbsmäßige Schutz von fremdem Leben und / oder Eigentum.

54

Gewerblich handelt, wer selbständig eine Tätigkeit mit Gewinnerzielungsabsicht ausübt, die auf Dauer angelegt ist.

55

§ 34a GewO

56

§ 34a GewO

57

Zeitpunkt der Betriebsaufnahme, Anschrift und Benennung der Hauptgeschäftsstelle, Benennung möglicher Zweigniederlassungen und deren Anschrift, Benennung unselbständiger Zweigstellen und deren Anschrift, Verlegung des Standortes, Änderung des Gewerbegegenstandes, Ausdehnung des Gewerbebetriebes auf Bereiche die nicht geschäftsüblich sind, die Gewerbeaufgabe (Beendigung der Tätigkeit)

58

Vor Ausübung des Gewerbes (noch vor Beginn der Tätigkeit) ist die Erlaubnis vom Ordnungsamt (als zuständiger Behörde) einzuholen.

59

Eröffnung des Insolvenzverfahrens über das Vermögen des Antragstellers; gleiches gilt für die Abgabe einer eidesstattlichen Versicherung.

60

Nein, eine Zustimmung durch die zuständige Behörde ist immer erforderlich, bevor eine Wachperson Bewachungsaufgaben wahrnehmen darf; handelt es sich nicht um eine Bewachung, zum Beispiel Tätigkeit in der Leitstelle, ist keine Erlaubnis erforderlich.

61

Nachweis der Volljährigkeit, Nachweis über die bestandene Sachkundeprüfung, Nachweis des Bestehens einer Betriebshaftpflichtversicherung (weitere Zugangsvoraussetzungen werden behördlich geprüft)

62

Nachweis der Volljährigkeit, Nachweis über das 40stündige Unterrichtungsverfahren (weitere Zugangsvoraussetzungen werden behördlich geprüft, etwa die Zuverlässigkeit)

63

a) Kontrollgänge im öffentlichen Verkehrsraum oder in Hausrechtsbereichen mit tatsächlich öffentlichem Verkehr (Citystreife)

b) Schutz vor Ladendieben

c) Bewachungen im Einlassbereich von gastgewerblichen Diskotheken (Türsteher)

d) Bewachung von Flüchtlingsunterkünften in leitender Funktion

e) Bewachung von zugangsgeschützten Großveranstaltungen in leitender Funktion

64

Nein.

65

Nein, der Nachweis der erfolgreich bestandenen Sachkundeprüfung ist nur für den Mitarbeiter eines Bewachungsunternehmens erforderlich, nicht aber für Mitarbeiter eines anderen Unternehmens, die von Ihrem Vorgesetzten mit Sicherungsaufgaben betraut werden

66

Geld- und Werttransporte, Werkschutz, Objektschutz, Personenschutz, Zugangskontrolle, Museumswächter

67

Die Bewachungsverordnung (BewachV)

68

Zuverlässigkeit und Eignung des Personals, datenschutzrechtliche Verpflichtung, Dienstausweis (Inhalt und Gestaltung), Dienstkleidung, Haftpflichtversicherung, Dienstanweisung, Waffen

69

Das Unterrichtungsverfahren vermittelt in Form einer Lehrveranstaltung die Grundkenntnisse für die Tätigkeit im Bewachungsgewerbe.

Die erfolgreich abgelegte Sachkundeprüfung ist der Nachweis der erforderlichen Kenntnisse.

70

Polizeibeamter oder Zollbeamter des mittleren Dienstes, Feldjäger der Bundeswehr, Werkschutzfachkraft, Werkschutzmeister, Fachkraft Schutz und Sicherheit, geprüfte Schutz- und Sicherheitskraft, Meister Schutz und Sicherheit

71

- 1 Million Euro für Personenschäden
- 250.000 Euro für Sachschäden
- 15.000 Euro für das Abhandenkommen bewachter Sachen
- 12.500 Euro für Vermögensschäden

72

Bewachungsverordnung, Gewerbeordnung, DS-GVO

73

Nein, der Gewerbetreibende muss seine Mitarbeiter schriftlich darauf hinweisen und sich dies durch Unterschrift bestätigen lassen.

74

Nein, der Unternehmer muss die Prüfung durch die Behörde abwarten und darf den Mitarbeiter erst nach Zustimmung der Behörde beschäftigen.

75

Nein, das Betreten eines befriedeten Besitztums zu Bewachungszwecken ist nur in Dienstkleidung erlaubt.

76

Ja, wer nachweisen kann, dass er als Selbstständiger, gesetzlicher Vertreter oder Betriebsleiter vor dem 1. Dezember 1994 drei Jahre durchgehend im Bewachungsgewerbe tätig war oder als Unselbständiger am 31. März 1996, ist vom Unterrichtungs-verfahren befreit und kann somit befugt tätig werden.

77

Ja, wer durch Bestätigung eines Arbeitgebers nachweisen kann, dass er drei Jahre rückwirkend vom 01. Januar 2003 (also seit dem 01. Januar 2000) befugt im Bewachungsgewerbe tätig war, ist von der Sachkundeprüfung befreit.

78

1. Die Allgemeine und

2. die Spezielle (oder objektbezogene) Dienstanweisung.

79

Die Hinweise, dass

- die Mitarbeiter keine hoheitlichen Rechte haben;
- das Mitführen von Verteidigungswaffen jeglicher Art nur mit Zustimmung des Gewerbetreibenden erfolgen darf.

80

Die allgemeine Dienstanweisung, die spezielle Dienstanweisung, die DGUV Vorschrift 23 (vormals: BGV C7) und DGUV Vorschrift 1 (vormals: BGV A1).

81

Die Aushändigung der DGUV Vorschrift 23 (vormals: BGV C7) einschließlich dazu ergangener Durchführungsanweisungen und der Allgemeinen Dienstanweisung nach § 10 BewachV.

82

Name und Vorname der Wachperson, Name und Anschrift des Gewerbetreibenden, Lichtbild der Wachperson, Unterschrift der Wachperson, Unterschrift des Gewerbetreibenden oder eines bevollmächtigten Vertreters, fortlaufende (auf den Ausweis bezogene) Nummer

83

Der Ausweis ist so zu gestalten das er sich deutlich von amtlichen Ausweisen unterscheidet.

84

Ja, die Wachperson ist verpflichtet, den Dienstausweis im Dienst mitzuführen, um ihn den Beauftragten der zuständigen Behörde auf Verlangen vorzulegen.

85

Die Wachperson ist verpflichtet, den Dienstausweis sichtbar zu tragen. Dabei müssen die im Ausweis enthaltenen Informationen aber nicht lesbar oder erkennbar sein.

86

Die Wachperson, die Kontrollgänge im öffentlichen Verkehrsraum oder in Hausrechtsbereichen mit tatsächlich öffentlichem Verkehr (Citystreife) durchführt, Wachpersonen im Einlassbereich von gastgewerblichen Diskotheken (Türsteher) sowie Wachpersonen mit leitender Funktion in Flüchtlingsunterkünften oder bei zugangsgeschützten Großveranstaltungen.

87

Die Wachperson muss für den Besitzer / Eigentümer, eventuelle Zeugen und hoheitliche Kräfte als Mitarbeiter eines privaten Sicherheitsdienstes zu erkennen sein (Vorschrift der BewachV).

88

Der Gewerbetreibende (oder sein bevollmächtigter Vertreter) ist für die Gewährleistung der sicheren Aufbewahrung von Dienstwaffen und Munition verantwortlich.

89

Der für die Erteilung der Erlaubnis zum Ausüben des Bewachungsgewerbes zuständigen Behörde.

90

Die Wachperson (Mitarbeiter), die von der Waffe Gebrauch gemacht hat. Ist die Wachperson ihrer Pflicht diesbezüglich nicht nachgekommen, hat der Gewerbetreibende (oder sein bevollmächtigter Vertreter) dies zu tun.

91

Nein, es ist jeglicher Gebrauch von Verteidigungswaffen zu melden.

92

Ein Verstoß gegen die Bewachungsverordnung wird als Ordnungswidrigkeit eingestuft.

93

Die DGUV Vorschrift 23 (vormals: BGV C7).

94

Nein.

95

PbD sind alle Einzelangaben über persönliche oder sachliche Verhältnisse einer bestimmten oder bestimmbaren natürlichen Person

96

Die Datenvermeidung ist der beste Datenschutz.

97

Datenschutzgrundverordnung (DS-GVO) und Bundesdatenschutzgesetz (BDSG)

98

Jede Erhebung, Verarbeitung oder Nutzung personenbezogener Daten unter Einsatz von Datenverarbeitungsanlagen.

99

Personenbezogene Daten dürfen nicht länger gespeichert werden dürfen, als es notwendig ist.

100

Die Löschung personenbezogener Daten, wenn keine gesetzlichen, vertraglichen oder satzungsgemäßen Fristen einzuhalten sind.

101

Verantwortliche Person ist der jeweilige Unternehmer.

102

Als Profiling bezeichnet man eine automatisierte Verarbeitung personenbezogener Daten, insbesondere zur Analyse oder Prognose von Eigenschaften eines Menschen, etwa zu persönlichen Vorlieben oder Interessen.

103

Das derartige Ersetzen personenbezogener Daten durch Kennzeichen, damit Einzelangaben über persönliche oder sachliche Verhältnisse nicht oder nur noch schwer einer bestimmten oder bestimmbaren Person zuzuordnen sind

104

Daten sind grundsätzlich zu berichtigen, wenn ihre Unrichtigkeit festgestellt wird.

105

Verarbeiten ist jedes Verfahren, bei dem mit personenbezogenen Daten Vorgänge wie beispielsweise das Speichern, Verändern, Übermitteln, Abfragen, Sperren oder Löschen von Daten ablaufen.

106

Der beste Datenschutz ist die Vermeidung von Datensammlungen. Auch ist vor Erhebung von Daten genau zu prüfen, welche Daten tatsächlich notwendig sind.

107

Sobald mindestens 20 Mitarbeiter eines Unternehmen Zugriff auf computergespeicherte, personenbezogene Daten haben oder personenbezogene Daten automatisiert verarbeitet werden.

108

Betroffener im Sinne des Datenschutzrechts ist die Person, von der personenbezogene Daten in einem Unternehmen gesammelt werden.

109

Der Betroffene hat beispielsweise das Recht, Auskunft über die über ihn gesammelten Daten zu erhalten und die Berichtigung, Löschung oder Sperrung der gesammelten Daten zu verlangen.

110

Keine Strafe ohne Gesetz

111

Tatbestand, Rechtswidrigkeit, Schuld

112

- Betreffen oder Verfolgen des Täters auf frischer Tat
- Identität nicht feststellbar/ Verdunkelungsgefahr durch Flucht
- Keine Polizeigewalt („Obrigkeit") vor Ort

113

Der Tatbestand ist erfüllt, wenn alle Tatbestandsmerkmale erfüllt sind, also alle Merkmale, die die Straftat auszeichnen.

114

Wenn die begangene Handlung laut Strafgesetzbuch mit Strafe bedroht ist und der Handelnde keinen Rechtfertigungsgrund hat.

115

Wenn dem Handelnden die Tat vorwerfbar ist, er keinen Entschuldigungsgrund hat und er schuldfähig ist.

116

Mit Vorsatz handelt, wer eine Tat mit Wissen und wollen begeht, wer also weiß, was seine Handlung bewirkt, und wer dieses Ergebnis auch bewusst herbeiführen möchte.

117

Fahrlässig handelt, wer die nötige Sorgfalt außer acht lässt.

118

Ein Autofahrer lässt die nötige Sorgfalt außer acht und schaut sich beim Abbiegen nicht um. Ein herankommender Fahrradfahrer wird von dem Fahrzeug erfasst und stürzt, wobei der Fahrradfahrer sich verletzt.

119

Wer zum Zeitpunkt der Tat das Unrecht seines Handelns nicht erkennen kann, gilt als schuldunfähig.

120

Der Gesetzgeber hat festgelegt, dass Kinder unter 14 Jahren auf Grund ihrer noch nicht vollständig ausgereiften geistigen Entwicklung das Unrecht ihres Handelns nicht im vollen Umfang erkennen können und darum nicht schuldfähig sein können.

121

Ebenfalls schuldunfähig ist, wer auf Grund von Umständen, die in seiner Person liegen, nicht in der Lage ist, sich entsprechend der Rechtsordnung zu verhalten. Hierzu gehören krankhafte seelische Störungen, eine tiefgreifende Bewusstseinsstörung, Schwachsinnigkeit, geistige Behinderung, Alkohol- und Drogenrausch.

122

Der Versuch ist das unmittelbare Ansetzen zur Tat.

123

Entscheidend ist die vom Gesetz angedrohte Mindeststrafe: Ein Verbrechen wird mit einer Mindeststrafe von einem Jahr Freiheitsentzug bestraft, bei einem Vergehen liegt die Mindeststrafe bei Freiheitsentzug unter einem Jahr oder es wird mit einer Geldstrafe geahndet.

124

Der Versuch einer Straftat, die als Verbrechen eingestuft wird, ist immer strafbar. Der Versuch einer Straftat, die als Vergehen eingestuft ist, ist nur dann strafbar, wenn es das Gesetz ausdrücklich vorsieht.

125

Der Täter darf mit der Tatausführung begonnen, die Tat aber noch nicht vollendet haben.

126

Von einem Verbotsirrtum wird gesprochen, wenn der Täter bei Begehung der Tat nicht wusste, dass er gegen ein Verbot verstößt, oder ihm das Unrechtsbewusstsein hinsichtlich der Tat fehlte.

127

Von einem Erlaubnisirrtum wird gesprochen, wenn der Täter bei Begehung der Tat fälschlich davon ausgeht, dass seine Handlung nicht strafbar und somit erlaubt ist.

128

Wenn der Täter bei Begehung der Tat die Folgen seiner vorsätzlichen Handlung nicht kennt oder die Folgen zwar kennt, aber nicht davon ausgeht, dass seine Handlung laut Strafgesetzbuch unter Strafandrohung gestellt ist.

129

Man unterscheidet generell zwischen Täterschaft und Teilnahme.

130

Bei der Teilnahme unterscheidet man zwischen Anstiftung und Beihilfe.

131

Täter ist, wer selbst alle Tatbestandsmerkmale einer Straftat verwirklicht oder sich einer anderen Person als Werkzeug bedient.

132

Als Mittäter wird bestraft, wer mit einem anderen Täter gemeinschaftlich eine Tat begeht und, genau wie der andere Täter, den gemeinsamen Willen zur Tatverwirklichung und die gemeinsame Tatherrschaft hat.

133

Anstifter ist, wer vorsätzlich einen anderen zu einer rechtswidrigen Tat aufstachelt, die dieser dann mit Vorsatz begeht.

134

Beihilfe leistet, wer einen Täter bei der Ausführung der Tat unterstützt, ohne mit diesem

- einen gemeinsamen Willen und
- eine gemeinsame Tatherrschaft

zu haben.

135

Bei einem echten Unterlassungsdelikt ist Täter, wer eine vom Gesetz ausdrücklich geforderte Handlung nicht ausführt.

136

Wer in einer Notsituation nicht handelt, obwohl es ihm möglich und zumutbar wäre, begeht die unterlassene Hilfeleistung, da das Gesetzt jedem Bürger vorgibt zu handeln und ein Nicht-Handeln unter Strafandrohung stellt (§ 323 c StGB).

137

Bei einem unechten Unterlassungsdelikt ist Täter, wer es unterlässt eine Handlung auszuführen, zu der er verpflichtet ist und diese Handlung dann zu einem Schaden führt. Beispiel: Türsteher durchsucht einen Gast nicht (Pflichtverletzung), der dann mit einer Waffe in der Diskothek eine gefährliche Körperverletzung (Schaden) begeht.

138

Antragsdelikte und Offizialdelikte

139

Bei Antragsdelikten handelt es sich um Taten, bei denen die Strafverfolgung nur auf Antrag des Geschädigten oder eines von ihm Bevollmächtigten erfolgt.

140

Bei Offizialdelikten muss die Strafverfolgung zwingend erfolgen.

141

Die Staatsanwaltschaft muss Kenntnis von dieser Straftat erlangen.

142

Verbrechen zählen zu den Offizialdelikten.

143

Bis zu einem Betrag von 50 €

144

Diebstahl ist die Wegnahme einer fremden, beweglichen Sache in rechtswidriger Zueignungsabsicht für sich oder einen anderen (§ 242 StGB).

145

Die Hilflosigkeit einer anderen Person, einen Unglücksfall oder gemeine Gefahr ausnutzen / gewerbsmäßig stehlen / Diebstahl religiöser Gegenstände aus einer Kirche.

146

Nein.

147

Bei der Unterschlagung fehlt das Tatbestandsmerkmal „Wegnahme", da der Täter zuvor berechtigt in den Besitz der Sache gekommen ist.

148

Entscheidend ist die Begehungsart. Beim Raub wird die Sache einem anderen weggenommen unter Anwendung von Gewalt oder unter Androhung einer gegenwärtigen Gefahr für Leib und Leben. Ansonsten entsprechen die Tatbestandsmerkmale denen des Diebstahls.

149

Der Täter wird beim Diebstahl auf frischer Tat betroffen und wendet Gewalt an oder droht mit einer gegenwärtigen Gefahr für Leib und Leben, um sich den Besitz des gestohlenen Gutes zu erhalten.

150

Die Erpressung ist eine Nötigung, allerdings mit dem Ziel, sich oder einen Dritten an dem Eigentum des Geschädigten zu bereichern.

151

Es muss sich um eine fremde Sache handeln.

152

Sachbeschädigung setzt die dauerhafte Veränderung des Erscheinungsbildes voraus; dies ist im Falle von Kreide, die durch Regen abgewaschen wird, nicht der Fall.

153

Wenn bei der Erpressung Gewalt angewendet oder die Gefahr für Leib und leben angedroht wird, wird aus der Erpressung eine Räuberische Erpressung.

154

Fahrlässige Körperverletzung, Körperverletzung, Gefährliche Körperverletzung, Schwere Körperverletzung.

155

Die Körperverletzung wurde verursacht weil der Täter bei einer Handlung die nötige Sorgfalt außer acht gelassen hat.

156

Eine üble, unangemessene Behandlung eines Menschen, die entweder das körperliche Wohlbefinden oder die körperliche Unversehrtheit beeinträchtigt

157

Die Begehungsart

158

Tatbestandsmerkmale können sein

- Beibringen von Gift
- Gemeinschaftliche Begehung
- mittels Waffen

159

Bei der schweren Körperverletzung ist die Folge der Handlung ausschlaggebend: Es muss sich um Verletzungen handeln, die die Lebensqualität des Geschädigten dauerhaft beeinträchtigen.

160

Der Geschädigte verliert

- sein Augenlicht,
- Gliedmaßen,
- seinen Geschmackssinn.

161

Freiheitsstrafe oder Geldstrafe

162

Mindestens ein Jahr Freiheitsstrafe.

163

Nur dann, wenn die fahrlässige Begehung der Tat ausdrücklich unter Strafe gestellt ist.

164

Widerrechtliches Eindringen, unbefugtes Verweilen

165

Das Grundstück muss umfriedet sein, damit zu erkennen ist, dass es sich nicht um öffentlich zugänglichen Verkehrsraum handelt.

166

Der Täter verlässt trotz Aufforderung, dies zu tun, den Hausrechtsbereich nicht.

167

Nein. Sobald der Gast der Aufforderung nicht nachkommt, begeht er Hausfriedensbruch im Sinne von § 123 StGB und zwar in Form der ersten Alternative, dem unbefugten Verweilen.

168

Wohnungen, Geschäftsräume einschließlich Nebenräume und Lagerflächen, befriedetes Besitztum

169

Durch Vornahme einer Handlung, die nur Kraft eines öffentlichen Amtes vorgenommen werden darf,

und

durch Vornahme einer Handlung und gleichzeitigem Ausgeben als dazu berechtigter Amtsperson.

170

Die Ehre

171

Wenn Tatsachen über einen anderen behauptet oder verbreitet werden, die dazu geeignet sind, dessen Ansehen in der öffentlichen Meinung herabzuwürdigen oder ihn verächtlich zu machen, ohne diese Tatsachen beweisen zu können.

172

Das Behaupten oder Verbreiten unwahrer Tatsachen wider besseres eigenes Wissen

173

Wenn eine Person rechtswidrig daran gehindert wird, einen umschlossenen Bereich zu verlassen, oder durch Aufforderung oder Blockieren daran gehindert wird, sich örtlich zu verändern.

174

Wenn der Geschädigte länger als eine Woche seiner Freiheit beraubt wird oder der Geschädigte durch die Tat oder eine Handlung während der Tat eine schwere Gesundheitsschädigung erlangt

175

Wer rechtswidrig mit Gewalt oder durch Androhung eines empfindlichen Übels einen Menschen dazu bewegt, eine Handlung zu begehen, sie zu unterlassen oder sie zu erdulden

176

Wer einen anderen, der eine rechtswidrige Tat begangen hat, in der Absicht Hilfe leistet, ihm die Vorteile der Tat zu sichern

177

Wer absichtlich oder wissentlich ganz oder teilweise vereitelt, dass ein Täter für sein Handeln bestraft werden kann

178

Eine Urkunde ist eine Gedankenerklärung, die geeignet und dazu bestimmt ist, im Rechtsverkehr Beweis zu erbringen und den Aussteller der Urkunde erkennen lässt.

179

Wer zur Täuschung im Rechtsverkehr

- eine unechte Urkunde herstellt,
- eine echte verfälscht oder
- eine unechte oder verfälschte Urkunde benutzt

180

Sie schützen bei an sich strafbaren Handlungen vor Strafverfolgung.

181

Ziel der Festnahme muss es sein, die Person der Strafverfolgung zuzuführen.

182

Notwehr und Rechtfertigender Notstand

183

Notwehr ist die Verteidigung, die erforderlich ist, um einen rechtswidrigen, gegenwärtigen Angriff von sich oder einem anderen abzuwehren

184

Der Angriff

- steht unmittelbar bevor,
- hat begonnen oder
- dauert fort.

185

Alle Rechtsgüter sind notwehrfähig.

186

Von einem Menschen

187

Die Notwehrhandlung aus einem Irrtum heraus

188

Alle Rechtsgüter sind notstandsfähig.

189

Von einem Tier, einer Sache oder einem Ereignis

190

Nur die Rechtsgüter Leben, Leib und Freiheit

191

Die des Handelnden, eines Angehörigen des Handelnden oder einer ihm nahestehenden Person

192

Der Täter überschreitet die Grenzen der Notwehr.

193

Wenn der Täter aus Verwirrung, Furcht oder Schrecken die Grenzen der Notwehr überschreitet

194

Eigentum bezieht sich immer und ausschließlich auf eine Sache.

195

Tiere sind im Sinne des Gesetzes als Sachen eingestuft.

196

Eigentümer ist, wer die rechtliche Gewalt oder Herrschaft über eine Sache hat.

197

Der Eigentümer einer Sache kann nach Belieben mit seiner Sache verfahren und die Einwirkung Dritter auf sein Eigentum unterbinden.

198

Der Eigentümer einer Sache kann nur in soweit nach Belieben mit seiner Sache verfahren, solange er nicht auf die Rechte Dritter einwirkt. Zudem ist die Sozialbindung des Eigentums („Eigentum verpflichtet", Artikel 14 Abs. 2 GG) zu beachten.

199

Besitzer ist, wer die tatsächliche Gewalt oder Herrschaft über eine Sache ausübt.

200

Der Eigentümer übt selbst die tatsächliche Gewalt über die Sache aus.

201

Der Besitzer übt die Gewalt über eine Sache aus, die nicht sein Eigentum ist.

202

Der Besitzer übt direkt die Gewalt über die Sache aus.

203

Der Besitzer übt nicht direkt die Gewalt über die Sache aus, steuert aber die Gewaltausübung durch einen Dritten mittels Weisung.

204

Der Besitzdiener übt die tatsächliche Gewalt über eine Sache für den Besitzer aus, wobei der Besitzer seine Besitzansprüche nicht aufgibt.

205

Der Eigentümer übt die rechtliche Gewalt über eine Sache aus, der Besitzer die tatsächliche Gewalt.

206

Der Besitzer.

207

Der Besitzdiener

- übt die tatsächliche Gewalt über eine Sache für einen anderen aus,
- er ist sozial abhängig,
- er handelt weisungsgebunden und
- nicht gegen den Willen des Besitzers.

208

Der Besitzer verliert die tatsächliche Gewalt oder Herrschaft über eine Sache, wobei die Aufgabe der tatsächlichen Gewalt oder Herrschaft auch dauerhaft gewollt ist.

209

Besitzstörung und Besitzentzug

210

Der Hausrechtsinhaber darf uneingeschränkt darüber bestimmen, wer seinen Hausrechtsbereich betreten darf bzw. in diesem verweilen darf und wer nicht.

211

Die Ausübung eines Rechtes ist unzulässig, wenn es einzig und allein dem Zwecke dient, einem anderen einen Schaden zuzufügen.

212

Der Geschädigte hat Anspruch auf Schadensersatz für den ihm entstandenem Schaden.

213

Der Besitzdiener erhält durch seine spezielle Dienstanweisung das Hausrecht übertragen.

214

Der defensive Notstand erlaubt die Zerstörung einer fremden Sache, von der eine Gefahr ausgeht.

215

Wer widerrechtlich einem anderen fahrlässig oder vorsätzlich einen Schaden zufügt, ist dem anderen zum Schadensersatz verpflichtet.

216

Der aggressive Notstand erlaubt die Wegnahme oder Zerstörung einer fremden Sache, von der zwar keine Gefahr ausgeht, die aber verwendet worden soll, um eine Gefahr zu beseitigen.

217

Die Besitzstörung ist die Beeinträchtigung der Möglichkeit des Besitzers, mit seinem Besitz nach Belieben zu verfahren.

218

Die Verbotene Eigenmacht kann sowohl durch Besitzentzug als auch durch Besitzstörung verwirklich werden..

219

Nein.

220

Anspruchsdurchsetzung bei Untätigkeit erschwert oder unmöglich

221

- Wegnahme einer Sache, auch mit Gewalt
- Zerstörung oder Beschädigung einer Sache
- Festnahme eines der Flucht verdächtigen
- Gewaltsames Brechen des Widerstandes des Täters

222

Der Besitzer darf sich gegen die Wegnahme seiner Sache zur Wehr setzen. Die Verhältnismäßigkeit ist zu beachten.

223

Der Besitzer darf bei einer widerrechtlichen Wegnahme seiner Sache die Sache wieder in seinen Besitz bringen, auch unter Einsatz von Gewalt. Die Verhältnismäßigkeit ist zu beachten.

224

Widerrechtlich.

225

Die Normen zur Notwehr und Selbsthilfe im BGB schützen vor Ansprüchen auf Schadenersatz, jene im StGB vor Strafe.

226

Widerrechtliche Handlungen führen zu einer Schadenersatzpflicht.

227

- Notwehr
- Angreifender (aggressiver) Notstand
- Verteidigender (defensiver) Notstand
- Selbsthilfe
- Selbsthilfe des Besitzers
- Selbsthilfe des Besitzdieners

228

Die Waffenbesitzkarte, kurz „WBK".

229

Die Waffenbesitzkarte berechtigt zum Erwerb und Besitz einer Schusswaffe. Sie kann auch dazu dienen, die für diese Waffe bestimmte Munition zu erwerben und zu besitzen, wenn dies von der Behörde durch die Eintragung eines Siegels erlaubt wurde.

230

Der Waffenschein erlaubt das Führen der darin bezeichneten Schusswaffe (Ausüben der tatsächlichen Gewalt außerhalb des eigenen befriedeten Besitztums) auch in geladenem Zustand.

231

Eine Waffe führt, wer die tatsächliche Gewalt über sie außerhalb der eigenen Wohnung, des eigenen befriedeten Besitztums, der eigenen Geschäftsräume oder einer Schießstätte ausübt.

232

Eine Waffe besitzt, wer die tatsächliche Gewalt über sie ausübt.

233

Mitzuführen sind (§ 38 WaffG)

- Personalausweis
- Waffenbesitzkarte
- Waffenschein
- Erlaubnisschein des Unternehmers (Dienstanweisung)

234

Erwerbsberechtigt sind

- Inhaber einer Waffenbesitzkarte
- Inhaber eines Munitionserwerbsscheins
- jegliche volljährige Person auf einer Schießstätte zum sofortigen und vollständigen Verbrauch der Munition

235

Voraussetzung für den Erwerb und Besitz von Schusswaffen und Munition ist eine Waffenbesitzkarte. Sie wird dem Unternehmer auf Antrag ausgestellt. Der Antragsteller selbst muss

- zuverlässig
- persönlich geeignet
- sachkundig und
- volljährig

sein wie sowie ein Bedürfnis zum Umgang mit Schusswaffen nachweisen.

236

Das Bedürfnis ist ein besonders anzuerkennendes Interesse in persönlicher oder wirtschaftlicher Hinsicht zum Umgang mit Waffen oder Munition. Die beantragte Waffe muss geeignet und erforderlich sein, um den Bedürfniszweck zu erreichen (etwa für Personenschutz mehrschüssige Kurzwaffe, nicht aber doppelläufige Schrotflinte).

237

Für Privatleute grundsätzlich nicht, es sei denn, es handelt sich um eine „gefährdete Person" im Sinne von § 19 WaffG.

Unternehmer im Bewachungsgewerbe können Eigensicherung (ihrer Mitarbeiter) im Zusammenhang mit dem Schutz von fremdem Leben oder Eigentum als Bedürfnisgrund angeben. Im Gegensatz zur Privatperson haben sie als Bedürfnis ein „wirtschaftliches Interesse".

238

Reizstoffsprühgeräte unterliegen nicht der Erlaubnispflicht, wenn sie ein amtliches Zulassungszeichen tragen. Zudem ist der Umgang mit ihnen bereits ab 14 Jahren erlaubt. Somit dürfen Personen über 14 Jahren Reizstoffsprühgeräte führen, solange nicht grundsätzlich der Umgang mit Waffen untersagt wird (etwa bei Messen, Jahrmärkten, siehe § 42 WaffG).

239

Mitarbeiter im Bewachungsgewerbe, die in einem Waffenschein als berechtigte Personen eingetragen sind, benötigen zum Führen von Waffen (Schlagstock, Schusswaffe) auf öffentlichen Veranstaltungen eine besondere behördliche Erlaubnis.

240

Ein Waffenschein ist bis zu drei Jahren gültig. Er kann zweimal bis zu drei Jahre verlängert werden und ist danach neu auszustellen.

241

Eine Waffenbesitzkarte ist unbegrenzt gültig. Die Eintragung einer Befristung ist aber möglich.

242

Waffen und Munition sind so aufzubewahren, dass Unbefugte sich diese nicht aneignen können. Das Waffengesetz nennt Mindestanforderungen an Behälter, die zur Aufbewahrung dienen sollen.

243

Das ist nicht zulässig.

244

Waffenrechtlich erfordert dies ein Behältnis des Widerstandsgrades 0 (Null) nach DIN EN 1143-1 Stand Mai 1997 oder höherwertiger. Allerdings schreibt die DGUV Vorschrift 23 eine räumliche Trennung von Waffe und Munition bei der Aufbewahrung von Dienstwaffen vor.

245

Der Fund ist der zuständigen Behörde unverzüglich anzuzeigen.

246

Die zuständige Behörde ist zu informieren, in der Regel wird die WBK widerrufen. Der Waffenschein wird in jedem Fall widerrufen.

247

DGUV Vorschrift 1 und DGUV Vorschrift 23 sowie ASR 1.3

248

ASR 1.3, zuvor BGV A8 (rückwirkend zum 1.1.2013 außer Kraft)

249

DGUV Vorschrift 23 (vorm. BGV C7): Brille muss gegen Verlust gesichert sein (Brillenband), alternativ Ersatzbrille mitführen.

250

Diensthunde dürfen nur geprüfte Hunde sein (Ausnahme: Meldetätigkeit) und nur von einem geprüften Hundeführer geführt werden. Sie müssen grundsätzlich in einem Zwinger einzeln gehalten werden. Vor Dienstantritt ist die Einsatzfähigkeit des Tieres zu prüfen.

251

DGUV Vorschrift 1 (vormals BGV A1)

252

Aufgabe des BG sind Vorbeugung und Nachsorge.

253

Die Verwaltungs-Berufsgenossenschaft

254

Der Genuss von Rauschmitteln im Dienst ist verboten.

255

Verbotszeichen zeigen als Kreis mit Diagonalbalken ein schwarzes Symbol in einem roten Kreis auf weißem Hintergrund.

256

Gebotszeichen zeigen ein weißes Symbol auf blauem, kreisrunden Hintergrund.

257

Brandschutzzeichen zeigen weiße Symbole auf rotem, quadratischen Hintergrund.

258

Rettungszeichen zeigen weiße Symbole auf grünem, kreisförmigen Hintergrund.

259

Warnzeichen zeigen ein schwarzes Symbol auf gelbem, dreieckigen Hintergrund.

260

Der Farbcode ist schwarz-gelb.

261

Die Farbcodes sind schwarz-gelb und rot-weiß.

262

Verbotszeichen „Personenbeförderung verboten", rot-schwarz-weiß

263

Gebotszeichen „Allgemeines Gebotszeichen", darf nur in Verbindung mit Zusatzzeichen verwendet werden, blau-weiß

264

Warnzeichen „Warnung vor Absturzgefahr", schwarz-gelb

265

Rettungszeichen „Sammelstelle", weiß-grün

266

Der Farbcode ist rot-weiß.

267

Dienstanweisungen sind durch den Unternehmer zu erlassen. Sie sind für den Mitarbeiter verbindlich.

268

Der Verstoß kann den Verlust des Versicherungsschutzes durch die BG zur Folge haben.

269

Zwingend vorgeschrieben ist der Hinweis auf das Fehlen hoheitlicher Rechte sowie der Hinweis auf die Meldepflicht nach Einsatz von Waffen sowie der Vorbehalt, dass Waffen nur auf direkte Anweisung des Unternehmers geführt werden dürfen.

270

Der Unternehmer ist verpflichtet, bei Dienstantritt dem Mitarbeiter gegen Unterschrift ein Exemplar der DGUV Vorschrift 23 (vormals: BGV C7) zu überlassen.

271

Konzepte zur Objektsicherung beruhen auf

- mechanischen,
- elektronischen und
- organisatorischen

Maßnahmen.

272

Allgemein übliche sicherungstechnische Maßnahmen, die dem Stand der Technik entsprechen.

273

Ein Sperrelement ist ein Bolzen, der die Öffnung einer Tür verhindert, wenn durch die Öffnung der Tür bei aktivierter Gefahrenmeldeanlage ein Alarm ausgelöst würde.

274

Das Wasser würde durch die Hitze schlagartig verdampfen und dabei das brennende Fett im Raum verteilen; zudem bildet sich eine Stichflamme.

275

Brandmeldeanlage, Einbruchmeldeanlage, Überfallmeldeanlage

276

BMA und EMA arbeiten automatisch, eine ÜMA dagegen muss durch einen Menschen bewusst ausgelöst werden.

277

Flammenmelder reagieren auf UV-Strahlung, die typisch von Flammen ausgestrahlt wird.

278

Nein, weil nur die Strecke zwischen zwei Punkten auf Unter-brechung des Lichtstrahls überwacht wird, nicht aber eine Fläche.

279

Wärmemaximalmelder

280

Breite 2,5 m, Höhe des Zaunes über Grund 2,5 m, Fundamente ca. 80 cm in die Erde eingelassen.

281

Eine PVA ist in der einfachsten Form ein Drehkreuz, das den Durchgang von Personen nur einzeln und in eine Richtung ermöglicht.

282

15 Minuten

283

RC (WK) 4

284

Erkennung von

- Gesichtsform
- Iris
- Fingerabdruck
- Stimmenmuster
- Bewegungsmuster

285

Passive Glasbruchmelder (Einzelsensor) reagieren bei bestimmten Frequenzen (Geräusche), aktive Glasbruchmelder bei Störung eines zwischen den Sensoren aufgebauten Feldes.

286

NSL steht für Notruf- und Service-Leitstelle.

287

Materielle Identifikationsmerkmale sind maschinell auswertbare Berechtigungen, etwa Schlüssel, Codekarten oder Chips mit darauf gespeicherten Informationen.

288

Störungsmeldeanlage dienen zur automatischen Erkennung und Signalisierung von Störungen an Maschinen.

289

Peripheriegeräte sind Elemente einer Gefahrenmeldeanlage, die nicht Bestandteil der Zentrale sind, z. B. Wählgerät, Sirene.

290

Ja.

291

Überwachung auf Änderung des elektrischen Leitwertes der Umgebungsluft

292

Menschenrettung geht immer vor Sachenrettung.

293

Überwachung von Außenflächen, Zäunen, auch durch automatisierte Kamerasysteme

294

Nein, sie sind Bestandteil einer Überfallmeldeanlage.

295

Alarmauslösung bei Überfallmeldeanlage mit dem Fuß, somit in der Regel vom Täter nicht erkennbar

296

Körperschallmelder überwachen feste Materialien (Beton, Stahl) auf bestimmte Geräusche (Berstgeräusche im Material), um einen Einbruchsversuch mittels Hammer, Hacke oder auch Bohrmaschine frühzeitig zu melden.

297

Automatisches Wähl- und Übertragungsgerät

298

Automatisches Wähl- und Ansagegerät

299

Aufnahmegerät, Übertragungsweg, Wiedergabegerät

300

Unveränderliche Merkmale eines Fingerabdrucks, die nach Ort und Verlauf bestimmt werden

301

Ein interner Alarm dient in der Regel nur als Hinweis auf Personen, die einen bestimmten Bereich betreten, nicht aber zur Alarmierung externer Kräfte. Interner Alarm dient etwa in Museen zur Benachrichtigung des Personals, wenn sich Besucher einem Kunstwerk zu dicht nähern.

302

Der PIR-Bewegungsmelder registriert Veränderungen von Temperaturen in seinem Detektionsfeld und meldet das Überschreiten eines Grenzwertes an die Alarmzentrale.

303

Das Branddreieck zeigt die für eine Verbrennung notwendigen Prozessbeteiligten Brennstoff, Lufttemperatur und Luftsauerstoff. Nur wenn alle drei zusammenkommen, ist ein Brand möglich.

304

Brandklasse	**Bezeichnung** (mit Beispielstoffen)
A	**Feststoffbrand** (Holz, Gummi, Kohle, Kunststoff)
B	**Flüssigkeitsbrand** (Öle, techn. Fette, Wachs, Lack)
C	**Gasbrand** (Stadtgas, Wasserstoff, Propan, Methan)
D	**Metallbrand** (Magnesium, Kalium, Aluminium)
E	Elektrobrand (**nicht mehr einzeln erfasst**, heute **A**)
F	**Fettbrand** (Speisefette und Speiseöle)

305

Die Eignung des Handfeuerlöschers lässt sich anhand seiner Beschriftung bestimmen.

306

Mit einer Löschdecke, alternativ durch Abdecken mit einem schwer entflammbaren Objekt, um die Flammen zu ersticken.

307

Löschpulver greift chemisch in den Verbrennungsvorgang ein. Dabei schirmt eine Schmelzschicht auf dem Brennstoff auch den Luftsauerstoff ab, zudem wird eine Abkühlung der Umgebung erreicht.

308

Gebräuchliche Löschmittel sind Wasser, Schaum, Pulver und Gase.

309

1. Regel: Immer mit dem Wind!

2. Regel: Flammenwurzel löschen von vorn nach hinten

3. Regel: Feste Stoffe stoßweise löschen!

4. Regel: Flüssigkeiten in einem Stoß flach über die Brandfläche löschen!

310

Nein, Metallbrände zählen zur Brandklasse D.

311

Die Öffnung des Sprinklers wird durch eine hitzeempfindliche Ampulle abgedichtet. Bei einer bestimmten Temperatur platzt die Ampulle und gibt die Öffnung frei. Das ausströmende Wasser wird über den Sprühteller im Raum verteilt.

312

Gefahr des Einfrierens von stehendem Wasser und dadurch ausgelöster Leitungsbruch

313

Brandwände sollen die Ausbreitung eines Brandes verhindern, sie teilen ein Objekt in Brandabschnitte.

314

Der Sprühteller verteilt ohne äußeren Antrieb Wasser, das aus der Düse eines Sprinklers austritt und mit hoher Geschwindigkeit auf den Teller trifft, optimal im Raum.

315

Feuerschutztüren müssen stets geschlossen sein (Ausnahme: Türen mit automatischer Schließung im Brandfall); im Schwenkbereich der Türen dürfen keine Gegenstände abgestellt werden.

316

Fluchtwege sind stets freizuhalten, ihre Kennzeichnung und Sicherheit (Fluchttüren, Beleuchtung) regelmäßig zu prüfen.

317

Zum vorbeugenden Brandschutz zählen Brandschutztechnik, bauliche Maßnahmen und Organisation.

318

Explosionsgeschützt, verwendbar in explosionsgefährdeten Bereichen

319

Da es sich um ein Wechselsprechen auf einer Frequenz handelt, fordert man die Gegenstation unmissverständlich zum Antworten auf; ohne diese Aufforderung könnte es zum gleichzeitigen Senden kommen.

320

Funkverkehr auf das Notwendige beschränken, deutlich sprechen, Aufforderung zum Antworten abwarten

321

Handygespräche entsprechen einem normalen Telefonat zwischen zwei Beteiligten, während bei einem Funkgespräch weitere Stationen mithören und für alle anderen Geräte auf dieser Frequenz ein gleichzeitiger Funkverkehr blockiert wird.

322

Funk ist in der Regel nicht abhörsicher, darum sind persönliche Daten zu codieren (Funkrufnamen statt Klarnamen) oder später auf sicherem Weg (Telefon, Fax, Email) zu übermitteln.

323

Betriebsfunk erfolgt mit allen Geräten auf einer einzigen Frequenz im Umkreis einer Feststation bzw. auf einer festen Frequenz; Bündelfunk erlaubt die Kommunikation über große Entfernungen mittels einer Technik, die jener des Handynetzes ähnelt.

324

Bei Notfällen (Ohnmacht, Überfall) kann durch Loslassen eines Druckknopfes oder Feststellung der Neigung (Gerät liegt, wird nicht senkrecht getragen) automatisiert ein Notruf abgesetzt werden.

325

Verdächtige Beobachtungen sind zur Eigensicherung sofort zu melden (mit Standort)!

326

Der Sender der Botschaft ist für ihren Empfang verantwortlich.

327

Mittel der Kommunikation sind

- gesprochene Worte (Sprache),
- geschriebene Worte (Schrift),
- geschriebene Zeichen (Symbole),
- Gesten,
- Bilder oder
- Töne.

328

Alles, was Sie für einen Dritten wahrnehmbar darstellen, ist Kommunikation.

329

Das „Kommunikationsquadrat“, auch „Vier-Ohren-Modell“ oder „Vier-Seiten-Modell“ genannt.

330

Der Anführer der Gruppe.

331

Selbstkundgabe, Sachebene, Beziehungsebene, Appellebene.

332

Paniksturm ist die massenpsychische Reaktion einer Menschenmenge auf ein unerwartetes Ereignis.

333

Eskalation ist die Verschärfung einer Situation, etwa durch Androhung von Gewalt.

334

Territorialverhalten ist das auf die Verteidigung eines definierten Raumes (Umgebung) ausgerichtete Handeln eines Menschen.

335

Die akute Masse ist eine große Zahl von Personen, die sich an einem Ort befinden und durch ein äußeres Ereignis beeinflusst werden, auch Menschenmasse genannt.

336

Biologische Grundbedürfnisse, Sicherheit, soziale Kontakte (Bindungen), Vertrauen (Anerkennung), Wissen (Verstehen), Kultur, Selbstverwirklichung.

337

Erwartung aufgrund eigener Erfahrung, Meinung oder der Informationen Dritter.

338

Gesamtheit aller Wahrnehmungen, Gefühle und Bewertungen, die Dritte von uns empfangen und wahrnehmen

339

Der „blinde Fleck" ist jener Teil der Persönlichkeit, der vom Betroffenen dargestellt und von einem Dritten wahrgenommen wird, ohne dass es der Betroffene bemerkt.

340

Wirksame Maßnahmen zur Deeskalation:

- Sachargumente vorbringen (keine Schuld zuweisen)
- Unaufgeregte, neutrale Ansprache wählen (Ruhe einbringen)
- Eigene Befindlichkeit darstellen (Verständnis abrufen)
- Dem Vortrag des Andern zuhören (Verständnis zeigen)
- Diskussionsbereitschaft zeigen (kein Beharren auf Meinung)

341

Bestimmte Bedürfnisse werden erst erfüllt oder geweckt, wenn andere (grundlegendere) Bedürfnisse befriedigt wurden.

342

Rund 90 % der Kommunikation werden nicht durch Sprache abgewickelt.

343

Beim Umgang mit Jugendlichen sind unter anderem folgende Eigenschaften dieser sozialen Gruppe zu berücksichtigen:

- Ablehnung sozialer Normen und Werte,
- Kompensations-Verhalten,
- Unsicherheit,
- Frustrations-Intoleranz und
- Wankelmütigkeit.

344

Beim Umgang mit Senioren sind unter anderem folgende Eigenschaften dieser sozialen Gruppe zu berücksichtigen:

- Obrigkeitshörigkeit
- Starrsinnigkeit
- Rechthaberei
- Überheblichkeit
- Ignoranz

345

Der Bereich der Gesellschaftszone, auch Gesellschaftsbereich genannt, eignet sich für Gespräche mit Fremde, insbesondere in Konfliktsituationen, der durch den Bereich zwischen ca. 1,2 bis 3,0 Metern markiert wird („über Armlänge entfernt“).

346

Der Bereich der Nahzone, auch Nahbereich genannt, ist die Kommunikationszone für Gespräche mit Freunden und nahegestehenden Personen, der durch den Bereich zwischen ca. 0,5 bis 1,2 Metern markiert wird.

347

Menschenmenge: Anzahl von Menschen ohne gemeinsames Ziel oder Wertbild

Gruppe: Ausbildung von Bindungen zwischen Mitgliedern, Eintreten für den anderen bei Konflikten

348

Schutzhandschuhe, Distanz (kein Einatmen von Tröpfchen), kein Kontakt mit Körperflüssigkeiten.

349

Vor jedem Einsatz.

350

Glas kann brechen, Splitter können das Auge verletzen

351

Der Träger darf durch zu weite oder zu enge Kleidung nicht in seiner Bewegungsfreiheit eingeschränkt werden.

352

Die Krawatte soll mit einem Gummizug oder Druckknopf ausgestattet sein, damit ein plötzlicher Zug des Gegenübers an der Krawatte nicht zu einer Strangulation des Trägers führt.